कपालकुण्डला

कपालकुण्डला

बंकिमचन्द्र चटर्जी

सम्पादक

ओ. पी. शर्मा

वाणी प्रकाशन

वाणी प्रकाशन
4695, 21-ए, दरियागंज, नयी दिल्ली 110 002
शाखा
अशोक राजपथ, पटना 800 004
फ़ोन: +91 11 23273167 फ़ैक्स: +91 11 23275710
www.vaniprakashan.in
vaniprakashan@gmail.com

KAPALKUNDLA
by Bankimchandra Chatterjee
Edited by O. P. Sharma

ISBN : 978-93-5072-655-6
Novel

प्रथम संस्करण 2014
मूल्य : 300

हर्ष प्रिंटर्स, दिल्ली-110 093 में मुद्रित

वाणी प्रकाशन का लोगो मक़बूल फ़िदा हुसेन की कूची से

प्रथम खण्ड

पहला परिच्छेद

लगभग ढाई सौ वर्ष पहले की बात है। माघ महीने की रात के अन्तिम प्रहर में, यात्रियों से भरी एक नाव गंगासागर से लौट रही थी। पुर्तगाली और अन्य जल-दस्युओं के कारण उस समय लोग नावों का बेड़ा बनाकर यात्रा पर निकलते थे। मगर यह नाव अकेली पड़ गयी थी। पिछली रात को बारिश और तूफान के कारण इस नाव के माँझी भटककर गलत दिशा में आ गये थे। नाव के अन्य साथियों को इसका पता नहीं था। इस वक्त उस नाव में सभी सो रहे थे, केवल दो लोग जाग रहे थे, जिनमें एक बूढ़ा नाविक था और दूसरा नौजवान मल्लाह। दोनों आपस में बातें कर रहे थे।

बूढ़े नाविक ने मल्लाह से पूछा, ''माँझी! आज दिन-भर में हम कितनी दूर जा पाएँगे?''

माँझी ने उत्तर दिया, '' अब ऐसी हालत में क्या कह सकते हैं हुजूर!''

बूढ़ा खीज गया। युवक ने उसे ढाढस बँधाते हुए कहा, ''महाशय! भगवान् के खेल को कौन बता सकता है। विद्वानों के वश का भी नहीं, मैं बेचारा क्या जानूँ? नाराज होना व्यर्थ है।''

बूढ़े ने बिगड़कर कहा, ''आप भी क्या कहते हैं? गाँव में बदमाशों ने मेरे बीस-पच्चीस बीघे खेत से धान काट लिया। अब अपने परिवार को क्या खिलाऊँगा?''

यह खबर उसने गंगासागर पहुँचने पर पीछे से आनेवाले यात्रियों के मुँह से सुनी थी। इस पर युवक ने कहा, ''मैंने तो पहले ही कहा था कि जब आपके यहाँ आपके पीछे कोई और देखभाल करनेवाला नहीं है, तो आप न ही जाएँ तो अच्छा।''

बूढ़े ने पहले की तरह गुस्से में कहा, "क्यों न आता? इस चौथेपन में भी न आता, तो पर-काल के लिए कब क्या करता?"

युवक ने कहा, "शास्त्रों में लिखा है तीर्थ-दर्शन से पर-काल के लिए जो कर्म साधना की जाती है, वह घर बैठकर भी हो सकती है।"

बूढ़े ने कहा, "तो तुम क्यों आये?"

युवक ने कहा, "मैं समुद्र घूमने के इरादे से आया हूँ। वाह! मैंने कैसा अद्भुत दृश्य देखा, इसे कभी भूल नहीं सकता।" वह संस्कृत की एक कविता पढ़ने लगा–

"दूराध्यश्क क्रनिमस्यतन्ती; तमालताली वनराजिनीला।
प्रभात वेला लवणाम्बुराशे, धारानिबद्धेव कलंकरेखा॥"

बूढ़े का ध्यान इस प्रकृति-वर्णन की अपेक्षा अन्य माँझियों में चल रही बातचीत में था।

एक माँझी दूसरे से कह रहा था, "भाई! मुझे तो खतरा दीख रहा है, पता नहीं हम अब किस जगह से और किस नदी से जा रहे हैं।"

कहनेवाला घबराया हुआ था।

बूढ़े ने डरते हुए उस माँझी से पूछा, "माँझी! क्या बात है?"

माँझी चुप रहा। किन्तु युवक उत्तर की प्रतीक्षा न कर बाहर आया। बाहर आकर देखा कि सुबह हो रही थी, परन्तु कुहरे के कारण कुछ नजर नहीं आ रहा था। वे समझ गये कि मल्लाहों को दिशाभ्रम हो गया है। डर यह था कि वे कहीं समुद्र में न पहुँच जाएँ। फिर तो भगवान ही मालिक था।

ओस से बचाव के लिए नाव सामने से परदा डालकर ढँकी हुई थी; इसीलिए भीतर बैठे हुए लोगों को वास्तविक स्थिति के बारे में कुछ पता नहीं चला। लेकिन बाद में जब उन्हें इन दोनों व्यक्तियों के द्वारा पता चला तो हाय-तौबा मच गयी। नाव में बैठी औरतें घबराकर चीखने लगीं, "नाव किनारे लगाओ, किनारे लगाओ।"

उस युवक का नाम नवकुमार था। उसने हँसते हुए कहा, "किनारा कहाँ है? यह पता चल जाता तो परेशानी की क्या बात थी।"

यह सुनकर नाव के यात्री और चीखने-चिल्लाने लगे। नवकुमार ने किसी तरह उन लोगों को शान्त किया। उसने माँझियों से कहा, "घबराने की

कोई बात नहीं है, सुबह होनेवाली है। सूर्योदय देखकर हमलोग स्थिति पर विचार करेंगे। फिलहाल माँझी नाव को धारा में बहने दें, पतवार न चलाएँ।''

माँझियों ने ऐसा ही किया। वे चुपचाप बैठ गया, परन्तु नाव के यात्रियों का घबराहट के मारे बुरा हाल था। हवा शान्त थी इसलिए लहरें नहीं उठ रही थीं। फिर भी, सबको यही लग रहा था कि अब उन्हें कोई नहीं बचा सकता। पुरुष चुपचाप दुर्गा का नाम जपने लगे और औरतें दबे स्वर में रोने लगीं। एक औरत अपने बच्चे को गंगासागर में बहा कर आ रही थी। केवल वही खामोश थी। उसके आँसू सूख चुके थे।

प्रतीक्षा करते-करते बहुत समय बीत गया। अचानक माँझियों ने नदी के पाँच पीरों का जोर-जोर से नाम लेना शुरू किया। तब लोगों ने पूछा, ''क्या हुआ?''

माँझी बोला, ''सूर्य भगवान् निकल आये। पतवार चलाओ।''

नाव के सभी लोग कुतूहल से बाहर निकल आये कि देखें वे कहाँ आ गये हैं। सूर्य का प्रकाश फैल रहा था। कुहरे से आकाश साफ हो गया था। करीब एक पहर दिन बीत गया था। इस समय नाव जहाँ थी, वह नदी का मुहाना था। लेकिन नदी का विस्तार बहुत अधिक था। नदी का एक किनारा तो नाव से करीब था कोई पचास हाथ दूर लेकिन दूसरा किनारा दिखायी नहीं दे रहा था। चारों ओर पानी-ही-पानी था। सूर्य की चंचल किरणें झिलमिलाकर आकाश में विलीन हो गयी थीं। आसपास का पानी मटमैला, किन्तु दूर नीला पानी फैला हुआ था। सब लोग समझ गये कि यह समुद्र ही था, लेकिन एक किनारा निकट था और डर की कोई बात नहीं थी। सूर्य की ओर देखकर दिशा का अनुमान लगाया गया। सामने का किनारा समुद्र का पश्चिमी तट लगा। नाव से थोड़ी ही दूर नदी मुहाने के पास धीमी गति से बह रही थी और संगम-स्थल के दाहिनी ओर बालू के तट पर बगुले आदि पक्षी अगणित संख्या में घूम रहे थे। इन दिनों वह नदी 'रसूलपुर की नदी' नाम से जानी जाती थी।

दूसरा परिच्छेद

तट को देखकर लोगों की जान में जान आयी। माँझियों ने कहा कि ज्वार आने में अभी थोड़ी देर है, अतः इस बीच सब लोग सामने तट पर अपने भोजन आदि का इन्तजाम कर लें, ज्वार आने के बाद यात्रा शुरू कर देंगे। यात्रियों ने यह सलाह मान ली। माँझियों ने नाव को किनारे लगा दिया। यात्री उतरकर अपने प्रातः कृत्य पूरा करने लगे।

नहाने-धोने के बाद भोजन बनाते समय पता चला उनके पास खाना बनाने के लिए लकड़ी नहीं थी। जंगली जानवरों के भय से जंगल से लकड़ी काट लाने को कोई तैयार नहीं हुआ। यह देखकर उस बूढ़े ने उस युवक से कहा, ''बेटा नवकुमार! अब तुम्हीं कोई उपाय करो, नहीं तो हम सब भूखों मर जाएँगे।''

नवकुमार ने कुछ देर सोचकर कहा, ''ठीक है, मैं कोशिश करता हूँ। एक आदमी मेरे साथ कुल्हाड़ी लेकर चले।''

लेकिन कोई साथ जाने के लिए तैयार नहीं हुआ।

''ठीक है, भोजन के वक्त देखूँगा।'' कहकर नवकुमार अकेले कमर कसकर, कुल्हाड़ी लेकर लकड़ी लाने चल पड़ा।

कगार पर चढ़कर नवकुमार ने देखा कि दूर-दूर तक बस्ती का कोई नामोनिशान नहीं था। केवल जंगल ही जंगल था। उस जंगल में बड़े-बड़े वृक्षों की अपेक्षा स्थान-स्थान पर केवल गोलाकार पौधे ही नजर आ रहे थे। नवकुमार को उसमें जलावन की लकड़ी नहीं मिली। अतः वह काफी दूर तक चलते चले गये। अन्त में लकड़ी काटने लायक एक वृक्ष से उन्होंने लकड़ी काटना शुरू किया। परन्तु उन लकड़ियों को उठाकर लाना एक

दूसरी समस्या थी। नवकुमार बड़े घर के बेटे थे, उन्हें बोझ ढोने की आदत नहीं थी। उन्हें इसका ध्यान होता, तो अकेले आये ही न होते, परन्तु नवकुमार हताशा को जानते ही नहीं थे। इस कारण उन्होंने किसी तरह इस काम को करने की ठान ली। बोझ ढोकर लाते हुए बीच-बीच में वह सुस्ता भी लेते। इस प्रकार वापस लौटने में देर लग गयी।

नवकुमार के साथी उनके आने में विलम्ब होते देख चिन्तित हो गये। उन्हें यह आशंका हुई कि कहीं नवकुमार को शेर ने न खा लिया हो। समय बीत जाने पर उन लोगों को यही लगा कि जरूर ऐसा ही हुआ होगा, लेकिन किसी में साहस न हुआ कि थोड़ी ऊपर चढ़कर या कुछ दूर जाकर देखा जाए।

सभी जब इस तरह की कल्पना कर रहे थे, तभी समुद्र का पानी शोर करते हुए बढ़ने लगा। मल्लाह समझ गये कि ज्वार आ गया। माँझियों को पता था कि ऐसे समय किनारे पर लगी नावें लहरों के थपेड़ों के कारण जमीन से टकराकर टूट जाती हैं, इसलिए वे लोग जल्दी से नाव खोलकर नदी के बीचोंबीच जाने की तैयारी करने लगे। नाव के खुलते-खुलते ही पूरा तट जलमग्न हो गया। यात्री हड़बड़ाकर नाव पर सवार हो गये। उन्हें तट पर रखा भोजन बनाने का सामान भी उठाने का मौका न मिला।

जल का वेग नाव को बीच धारा में खींचकर लिये जा रहा था। यात्रियों के माथे पर पसीने की बूँदें झलकने लगी थीं। उनके प्रयास से नाव नदी के बाहर तो आ गयी, किन्तु ज्वार के प्रबल वेग के कारण तीर की तरह उत्तर की ओर आगे बढ़ने लगी। वे चाहकर भी नाव को रोक नहीं सके। नाव वापस पहले वाली जगह नहीं आ सकी।

जब जल का वेग कुछ धीमा पड़ा, तो उस समय नाव रसूलपुर के मुहाने से बहुत दूर चली आयी थी। अब यह सोचा जाने लगा कि नवकुमार के लिए नाव फिर लौटायी जाए या नहीं? नाव में नवकुमार के सहयात्री उनके पड़ोसी ही थे, कोई अपना नहीं था। सबने विचारकर देखा कि लौटना घाटे का काम है। इसके बाद ही फिर रात हो जाएगी और रात को नाव नहीं चलायी जा सकती; अतः फिर दूसरे दिन के ज्वार के लिए रुकना पड़ेगा। तब

तक लोगों को भूखा भी रहना पड़ता। दो दिनों के उपवास से लोगों की हालत खराब हो जाती। यात्रियों का कहना था–नवकुमार को अवश्य ही शेर ने मार डाला होगा। ऐसी स्थिति में नये सिरे से प्रयास करना उचित न होता।

यह सब सोच नवकुमार के बिना लौटना ही उचित समझा गया। उन सबने नवकुमार को समुद्र के किनारे उस भीषण जंगल में अकेला छोड़ दिया।

तीसरा परिच्छेद

जिस जगह नवकुमार को छोड़कर उसके साथ के लोग चले गये, आजकल उसके पास ही दौलतपुर और दरियापुर नाम के दो छोटे-छोटे गाँव बसे हुए हैं, किन्तु उस समय वहाँ केवल जंगल था। बंगाल में जैसी हरियाली नजर आती है, वैसी उपजाऊ जमीन वहाँ नहीं थी।

रसूलपुर के मुहाने से लेकर स्वर्णरेखा में कई भीलों तक बालू के बड़े-बड़े ढूहों के अलावा कुछ नहीं था। लोग उन्हें 'बालियाड़ी' कहते थे। इन ढूहों की चोटियाँ सूरज की किरणों से चमकती रहती थीं। वहाँ कोई बड़ा पेड़ नहीं था। ढूहों के नीचे सामान्य जंगल जैसा दृश्य दिखाई पड़ता था, किन्तु उसके ऊपर सफेद के अलावा कुछ नजर नहीं आता था। जमीन पर झाड़ियाँ और जंगली फूलों के पेड़-पौधे ही दिखाई देते थे।

ऐसे ही नीरस जंगल में साथियों द्वारा छोड़े गये नवकुमार लकड़ी का बोझ किसी तरह ढोते हुए नदी किनारे तक आये, तो उन्हें कोई दिखाई नहीं दिया। वह घबरा गये। उन्होंने सोचा भी नहीं था कि उनके साथी उन्हें इस प्रकार छोड़कर चले जाएँगे। फिर उन्होंने सोचा-ज्वार का पानी बढ़ जाने के कारण उन्होंने अपनी नाव कहीं दूसरी जगह लगा दी होगी। ज्वार उतरते ही वे उन्हें लेने यहाँ आ जाएँगे। वह बहुत देर तक किनारे पर उनकी प्रतीक्षा करते रहे। लेकिन नाव नहीं आयी। वहाँ कोई भी नहीं था। नवकुमार भूख से व्याकुल होने लगे। अधिक प्रतीक्षा न कर अब नवकुमार नदी के किनारे-किनारे उस नाव की तलाश में निकल पड़े। लेकिन कहीं नाव का कोई चिह्न भी दिखाई नहीं दिया। अतः लौटकर फिर अपनी पहली जगह पर आ गये। वहाँ भी तब तक नाव को न देखकर उन्होंने विचार किया कि ज्वार के वेग से

शायद नाव आगे निकल गयी होगी। अतः अब विपरीत धारा में नाव लौटाने में सम्भवतः साथियों को विलम्ब लग रहा होगा। लेकिन धीरे-धीरे ज्वार का वेग शान्त हो गया। अतः उन्हें उनके लौटने की आशा हुई, परन्तु सूरज ढलने तक भी नाव नहीं लौटी।

अब नवकुमार को लगा कि या तो ज्वार के वेग में उलटकर नाव डूब गयी है अथवा साथियों ने ही उन्हें छोड़ दिया है।

किसी पहाड़ के नीचे से जानेवाले व्यक्ति पर जैसे अचानक कोई चट्टान गिरे और वह पिस जाए—नवकुमार के दिल की हालत भी वैसी ही थी।

इस समय नवकुमार के दिल की हालत का वर्णन करना बहुत कठिन है। सभी साथी प्राण से हाथ धो बैठे होंगे, इस सन्देह ने भी उन्हें चिन्तित कर दिया। उन्हें आगे की चिन्ता सताने लगी। जब उन्हें यह लगा कि उनके साथियों ने उन्हें छोड़ दिया है, तो क्रोध के कारण उनके प्रति चिन्ता दूर हो गयी।

नवकुमार ने देखा कि आसपास न कोई बस्ती थी, न भोजन का कोई ठिकाना। पीने का पानी भी नहीं था। नदी का पानी भी सागर की तरह खारा था। मारे प्यास के उनकी हालत खराब थी। जाड़े के दिन थे। उनके पास कपड़े भी नहीं थे। क्या इसी ठंडी हवा में खुले आकाश के नीचे उन्हें रहना पड़ेगा? हो सकता है, रात में शेर-भालू हमला कर दें। इस प्रकार वे कब तक बचे रहेंगे। एक-न-एक दिन मरना ही होगा।

उद्वेग के कारण नवकुमार बहुत देर तक स्थिर नहीं रह सके। वे कगार पर चढ़ गये और इधर-उधर भटकने लगे। अँधेरा घिरने लगा। सिर पर आकाश में नक्षत्र ठीक उसी तरह उगने लगे, जैसे नवकुमार के अपने गाँव में उगा करते थे। उस अँधेरे में चारों ओर सन्नाटा छाया हुआ था। केवल बीच-बीच में समुद्र और जानवरों की आवाजें सुनाई पड़ जाती थीं। नवकुमार कभी नदी के आस-पास घूमते, कभी घाटी में और कभी बालू के ढेर पर चढ़ जाते। चंचल मन उन्हें एक जगह स्थिर नहीं रहने दे रहा था। कदम-कदम पर जंगली जानवरों का डर था।

अन्ततः नवकुमार थक गये। थकान के साथ ही गहरी उदासी ने भी

उन्हें घेर लिया। अन्त में एक जगह बालू की दूह के सहारे पीठ टिकाकर बैठ गये। अब उन्हें घर की याद आने लगी।

शरीर और मन के कष्टों से उनकी बेचैनी बढ़ने लगी थी, परन्तु फिर भी उन्हें नींद आ गयी। अगर प्रकृति ने ऐसा नियम न बनाया होता, तो व्यक्ति जीवित कैसे रहता?

चौथा परिच्छेद

जब नवकुमार की नींद खुली तो उस समय भयानक रात थी। उन्हें आश्चर्य हुआ कि अभी तक उन्हें शेर या बाघ ने क्यों नहीं खा लिया। वह इधर-उधर घबराकर देखने लगे। अचानक बहुत दूर सामने उन्हें एक रोशनी-सी दिखाई दी। नवकुमार बहुत गौर से उधर देखने लगे। सोचा, कहीं भ्रम न हो। लेकिन वह रोशनी धीरे-धीरे तेज होने लगी थी। लगा उधर आग जल रही थी। इसे देखते ही नवकुमार के हृदय में आशा का संचार हुआ। मनुष्य के बिना आग जलना सम्भव नहीं। नवकुमार खड़े हो गये और रोशनी की दिशा में बढ़ने लगे। एक बार मन में सोचा! यह रोशनी कहीं भूत-प्रेतों की माया तो नहीं? लेकिन डरकर बैठे रहने से क्या जीवन बच जाता? यह सोचते हुए नवकुमार साहस जगाकर आगे बढ़े। वृक्ष, लता, बालुओं के ढेर पग-पग पर उनकी गति रोकने लगे। नवकुमार वृक्ष और लताओं को अपने पैरों से रौंदते हुए, बालू के ढेर को लाँघते हुए, उस ओर बढ़ने लगे। उस रोशनी के पास पहुँचकर नवकुमार ने देखा कि एक ऊँचे शिखर पर आग जल रही थी। उसके पास बैठा एक आदमी आकाश पर अंकित चित्र की तरह दिखाई दे रहा था। नवकुमार ने सोचा कि उस व्यक्ति के पास जाकर देखना चाहिए कि वह कौन है। वह उस ढेर पर चढ़ने लगे। मन में एक अनजान आशंका थी। फिर भी उसकी परवाह न कर वह आगे बढ़ते गये। उस आसीन व्यक्ति के सामने पहुँचकर उन्होंने जो कुछ देखा, उससे उनके शरीर के रोंगटे खड़े हो गये। वह निश्चय न कर सके कि वहाँ रुकना चाहिए या भाग जाना चाहिए!

पहाड़ की चोटी पर बैठा वह आदमी आँखें मूँदे ध्यानमग्न बैठा था। उसकी दृष्टि नवकुमार पर नहीं पड़ी थी। नवकुमार ने देखा कि उसकी उम्र

कोई पचीस वर्ष के लगभग रही होगी। वह कमर में बाघम्बर लपेटे हुए था। उसके गले में रुद्राक्ष की माला थी। उसका चेहरा दाढ़ी, मूँछ और लम्बी जटाओं से ढका-सा था। सामने लकड़ी के ढेर में आग जल रही थी; उसी रोशनी को देखकर नवकुमार वहाँ पहुँचे थे। लेकिन नवकुमार को न जाने कैसी असहज बदबू आ रही थी। उस स्थान को गौर से देखते हुए नवकुमार इसका कारण ढूँढने लगे। अचानक नवकुमार की दृष्टि नीचे गयी तो देखा कि वह व्यक्ति नष्टप्राय शव पर बैठा हुआ था। और भी भयभीत दृष्टि से उन्होंने देखा कि पास में ही नरमुण्ड भी रखा हुआ है-रक्त की कालिमा उस पर लगी हुई थी। इसके अतिरिक्त उस स्थान के चारों ओर हड्डियाँ बिखरी पड़ी थीं। यहाँ तक कि उस रुद्राक्षमाला में भी बीच-बीच में हड्डियाँ पिरोयी हुई थीं। नवकुमार की समझ में नहीं आया कि क्या करें-आगे बढ़ें या भागें। वे समझ गये कि यह व्यक्ति कोई भयानक कापालिक है।

जिस समय नवकुमार वहाँ पहुँचे, उस समय वह कापालिक ध्यान में मग्न था। नवकुमार को देखकर वह तनिक भी नहीं चौंका। कुछ देर के बाद उसने पूछा, "कस्त्वम्?"

नवकुमार ने उत्तर दिया, "ब्राह्मण।"

कापालिक ने फिर कहा, "तिष्ठ।"

यह कहकर वह फिर से ध्यानमग्न हो गया। नवकुमार उसी तरह खड़े रहे।

इस तरह कोई आधा प्रहर बीत गया। जप के अन्त में कापालिक ने खड़े होकर पहले की तरह संस्कृत में कहा, "मेरे पीछे-पीछे आओ!"

और कोई समय होता तो नवकुमार कभी ऐसा न करते, लेकिन उस समय भूख और प्यास से उनका बुरा हाल था। अतः उन्होंने कहा, "प्रभु की जैसी आज्ञा! लेकिन मैं भूख और प्यास से बहुत कष्ट में हूँ; बताइए यहाँ मुझे खाने के लिए कुछ मिलेगा?"

कापालिक ने कहा, "तुम भैरवी द्वारा प्रेरित हो, मेरे साथ आओ; खाने को भी मिलेगा।"

नवकुमार कापालिक के पीछे-पीछे चल पड़े। दोनों बहुत दूर तक साथ

गये। रास्ते में कोई बात नहीं हुई। अन्त में एक पर्णकुटी मिली। कापालिक ने नवकुमार से भी भीतर चलने के लिए कहा। इसके उपरान्त नवकुमार कापालिक ने एक लकड़ी जलायी। उसकी रोशनी में देखा कि झोंपड़ी में चारों ओर चटाई और कई जगह व्याघ्रचर्म बिछे हुए थे। एक कलश में पानी और कुछ फल-फूल रखे हुए थे।

कापालिक ने आग जलाकर कहा, "फल-मूल जो कुछ है, खा सकते हो। पत्तों का दोना बनाकर घड़े से जल पी सकते हो। व्याघ्रचर्म बिछा हुआ है, सो सकते हो। निडर होकर रहो, यहाँ शेर आदि का डर नहीं है। बाद में मुझसे फिर भेंट होगी। मेरे भेंट होने से पहले यह झोंपड़ी छोड़कर मत निकलना।"

यह कहकर कापालिक चला गया। नवकुमार ने थोड़े फल खाये और कुछ कसैले स्वाद के उस जल को पिया। इतना आहार मिलते ही नवकुमार को परम सन्तोष हुआ। इसके बाद वह लेट गये। दिन-भर की थकान के कारण वह सो गये।

पाँचवाँ परिच्छेद

सवेरे उठते ही नवकुमार कुटी से बाहर निकलकर लौटने का रास्ता ढूँढने लगे; उस कापालिक का साथ उन्हें बिलकुल उचित नहीं लगा। लेकिन उस जंगल से निकलना आसान नहीं था। जंगल में कोई मार्ग भी नहीं था। कापालिक ही जंगल से निकलने का रास्ता बता सकता था। कापालिक ने उनके प्रति कोई सन्देहप्रद आचरण भी नहीं किया था। फिर उससे डरने का कारण? कापालिक ने उन्हें बाहर निकलने से मना भी किया था। हो सकता है, उसकी आज्ञा न मानने से वह नाराज हो जाए। नवकुमार ने सुन रखा था कि कापालिक असाध्य कार्य कर सकते हैं। अत: ऐसे व्यक्ति को नाराज करना ठीक नहीं था। इस तरह सोच-विचार कर अन्त में उन्होंने कापालिक की कुटी में ही रहने का निश्चय कर लिया।

लेकिन धीरे-धीरे तीसरा प्रहर आ गया; कापालिक नहीं लौटा। एक दिन पहले का उपवास और इस समय तक का अनशन, नवकुमार की भूख फिर से जाग उठी। कुटी में जो कुछ फल-मूल था, वह समाप्त हो चुका था। अब फल-मूल खोजे बिना काम नहीं चल सकता था। फिर से तेज भूख लग आयी थी। इधर शाम भी होनेवाली थी। नवकुमार को फल ढूँढने के लिए निकलना ही पड़ा।

नवकुमार ने फल की खोज में आसपास छान मारा। जो एक-दो पेड़ उस बालू पर उगे थे, उनसे एक तरह का बादाम जैसा फल मिला। खाने में वह फल बहुत ही मीठा था, अत: नवकुमार ने उसे ही भरपेट खा लिया।

बालू के ढेर को पार करके नवकुमार आगे बढ़े। इसके बाद वह घने जंगल में जा पहुँचे। जिन लोगों को जंगल का अनुभव है, वे जानते हैं कि ऐसे

जंगल में थोड़ा घुसते ही लोग राह भूल जाते हैं। वही हाल नवकुमार का भी हुआ। थोड़ी दूर जाते ही उन्हें इस बात का ध्यान ही न रहा कि उस कुटी को वह किस दिशा में छोड़ गये थे। समुद्र का गम्भीर गर्जन उन्हें सुनाई पड़ा। वह समझ गये कि निकट ही समुद्र था। इसके बाद वह उस जंगल से बाहर निकले। सामने ही विशाल समुद्र दिखाई दिया, जिसे देखकर नवकुमार को बड़ी प्रसन्नता हुई। वह तट पर जाकर बैठ गये। सामने झाग उगलता नीला समुद्र था। जितनी दूर तक दृष्टि जाती थी, लहरों पर उछलती फेन की रेखा, सुन्दर फूलों से गुँथी माला की तरह लग रही थी। इस समय अस्त होते सूर्य की मन्द किरणों में नीले जल का एक हिस्सा पिघले सोने की तरह झिलमिला रहा था। दूर किसी यूरोपीय व्यापारी का जहाज अपने सफेद डैने फैलाकर किसी भीमकाय चिड़िया की भाँति सागर-वक्ष पर तेजी से बढ़ रहा था।

नवकुमार भूले-से सागर तट पर बैठकर प्रकृति की शोभा निरखते रहे। इसके बाद एकाएक शाम ढलने का अँधेरा सागर-वक्ष पर उतरा। अब नवकुमार को होश आया कि उन्हें अपने लिए कोई निरापद स्थान ढूँढना होगा। यह सोचते ही वह गहरी साँस लेकर उठ खड़े हुए। ज्यों ही वह पलटे, वैसे ही उन्हें सामने एक अपूर्व मूर्ति दिखाई दी। उस भयावह हाहाकार करते हुए समुद्र-तट पर, विस्तृत बालुका-भूमि पर शाम की अस्पष्ट आभा में एक अपूर्व नारी उन्हें दिखाई दी। उसके बाल उसके पाँवों तक लटक रहे थे। उसकी देह मानो चित्रपट पर बना चित्र थी। बालों से ढके रहने के कारण उसका चेहरा पूरी तरह से दिख नहीं रहा था; फिर भी बादलों के अन्दर से निकलने और झाँकनेवाले चन्द्रमा की भाँति वही चेहरा स्निग्ध-उज्ज्वल प्रभा बिखेर रहा था। बड़ी-बड़ी आँखें बेहद स्निग्ध और ज्योतिर्मय उसका कटाक्ष उस सागर-जल पर स्निग्ध चन्द्रबिम्ब की भाँति खेल रहा था। उसके रूखे बालों ने कन्धों और बाँहों को ढक रखा था। उसके कन्धे तो बिलकुल दिखाई ही नहीं देते थे, दोनों बाँहों की शोभा कुछ-कुछ झलक रही थी। उसका रंग अर्धचन्द्र की चाँदनी के समान था और घने-काले भौंरे जैसे बाल थे। इन दोनों रंगों के परस्पर मेल से उसका सौन्दर्य उस सागर-तट पर अर्द्धोज्ज्वल प्रभा में आभा बिखेर रहा था। उसके बदन पर कोई आभूषण नहीं था। फिर भी वह मोहिनी मूर्ति दिल में उतर जाती थी।

ऐसे दुर्गम जंगल में अचानक उस दैवीय सौन्दर्य को देखकर नवकुमार अवाक् हो गये। उनके मुँह से कोई शब्द नहीं निकला, वह देखते रह गये। वह रमणी भी एकटक नवकुमार को देखती रह गयी। दोनों की दृष्टि में अन्तर यह था कि नवकुमार की दृष्टि में आश्चर्य था और उस रमणी की शान्त दृष्टि में एक उद्वेग भी था।

इस प्रकार उस अनन्त समुद्र के तट पर ये दोनों प्राणी बहुत देर तक ऐसी ही अवस्था में खड़े रहे। बहुत देर बाद रमणी-कंठ से आवाज सुनाई पड़ी, अत्यन्त ही मीठी वाणी और सुरीले स्वर में उसने पूछा, "पथिक! क्या तुम राह भूल गये हो?"

इस स्वर के सुनते ही नवकुमार की धड़कन तेज हो गयी। उसका दिल जैसे उसके बस में नहीं रहा।

भग्न दिल कितना भी बिगड़ा हुआ हो वह रमणी-कंठ से अचानक नियन्त्रित भी हो जाता है; उसके तार सहज और सम में बजने लगते हैं। मनुष्य-जीवन में उस क्षण में ही एक सुखमय संगीत प्रवाहित होने लगता है। नवकुमार के कानों में भी ऐसा ही सुखद संगीत बजने लगा।

'पथिक! क्या तुम राह भूल गये हो?' यह ध्वनि नवकुमार के कानों में पहुँची। इसका क्या अर्थ है? क्या उत्तर देना होगा? नवकुमार कुछ भी समझ न सके। उस रमणी की ध्वनि काँपती हुई उनके चारों ओर अठखेलियाँ करने लगी, लगा हवा में भी वह ध्वनि व्याप्त हो गयी हो। वृक्षों के पत्तों के मर्मर में भी वह ध्वनि मुखरित होने लगी थी। उसके सम्मुख मानो सागर का गर्जन धीमा पड़ गया था। उस वसन्त ऋतु में ऐसी सुन्दर स्त्री की ऐसी मधुर आवाज को सुनकर गर्जते सागर के सामने खड़े नवकुमार के दिल में एक सुन्दर रागिनी बजने लगी।

उस युवती ने कोई उत्तर न पाकर कहा, "मेरे साथ आओ!" वह ऐसे चल रही थी, मानो तैर रही हो। वसन्तकाल के मन्द वायु से बहनेवाले शुभ्र मेघ की भाँति वह हलके कदमों से इस प्रकार बढ़ रही थी कि उसके कदम दीख ही नहीं रहे थे। नवकुमार यन्त्रचालित-से उसके पीछे चलने लगे। राह में एक छोटा-सा जंगल मिला। जंगल से जब वह आगे बढ़े, तो फिर सुन्दरी दिखाई न दी। जंगल का चक्कर लगा लेने पर नवकुमार को सामने एक कुटी दिखाई दी।

छठा परिच्छेद

नवकुमार कुटी में जाकर उसका दरवाजा बन्द कर अपनी हथेली पर सिर टिकाकर बैठे रहे। बहुत देर तक ऐसे ही बैठे रहे और सोचते रहे, वह कौन थी, देवी या मानुषी या कापालिक की माया मात्र?

नवकुमार कुछ समझ नहीं पाये।

वह अन्यमनस्क थे, इसलिए इस बात पर ध्यान नहीं दे सके। उस कुटी में उनके आने से पूर्व ही एक लकड़ी जल रही थी। इसके बाद बहुत रात बीतने पर उन्हें विचार आया कि अभी उन्होंने सन्ध्या भी नहीं की है फिर जल की सुविधा का ध्यान कर उस खयाल से वह विरत हुए, तो उन्हें दिखाई दिया कि कुटी में केवल लकड़ी ही नहीं जल रही थी, अपितु चावल आदि सामग्री भी रखी हुई थी। उन्हें देखकर नवकुमार ने सोचा, अवश्य ही यह उसी कापालिक द्वारा रखा गया होगा खैर! सायंकृत्य समाप्त करने के बाद, चावल को कुटी में रखी हुई एक हाँड़ी में पकाकर नवकुमार ने डटकर भोजन किया।

दूसरे दिन सवेरे उठने पर नवकुमार समुद्र-तट की ओर चल दिये। एक दिन पहले अनुभव हो जाने के कारण आज राह पहचान लेने में विशेष असुविधा नहीं हुई। प्रातःकृत्य समाप्त कर वह प्रतीक्षा करने लगे। किसकी प्रतीक्षा कर रहे थे? पहले दिनवाली मायाविनी आज फिर आएगी, यह आशा नवकुमार के हृदय में कितनी प्रबल थी, यह तो नहीं कहा जा सकता; लेकिन इस आशा का त्याग वह न कर सके और उस जगह को छोड़ भी न सके। लेकिन दिन चढ़ने पर भी वहाँ कोई न आया। अब नवकुमार उस स्थान पर चारों ओर टहलने लगे। वहाँ किसी आदमी का चिह्न भी नहीं था। इसके बाद

लौटकर उसी स्थान पर आ बैठे। सूर्य अस्त हो गया, अन्धकार बढ़ने लगा; अन्त में हताश होकर नवकुमार कुटी में वापस आ गये। वापस आकर नवकुमार ने देखा कि वही कापालिक कुटी में बैठा हुआ था। नवकुमार ने सामान्य शिष्टाचार व्यक्त किया लेकिन उसने कोई उत्तर नहीं दिया।

नवकुमार ने कहा, "अब तक प्रभु के दर्शन से मैं वंचित रहा।"

कापालिक ने उत्तर दिया, "मैं अपने व्रत में व्यस्त था।"

नवकुमार ने घर लौटने की इच्छा प्रकट की। उन्होंने कहा, "न तो मैं राह पहचानता हूँ और न मेरे पास राह-खर्च ही है। प्रभु के दर्शन से उचित प्रबन्ध हो सकेगा, इसी आशा में हूँ।"

कापालिक ने इतना ही कहा, "मेरे साथ आओ!" यह कहकर उदास हृदय से उठ खड़ा हुआ।

बड़ी आशा से नवकुमार उसके साथ चल पड़े।

शाम पूरी तरह ढली नहीं थी। हलकी रोशनी थी। एकाएक नवकुमार की पीठ पर किसी कोमल हाथ का स्पर्श हुआ। उन्होंने पलटकर देखा, तो वह चौंक गये। कलवाली वही वन्य देवी थी। एकाएक कहाँ से वह उनके पीछे आ गयी? नवकुमार ने देखा कि रमणी मुँह पर अँगुली रखकर इशारा कर रही थी। वह समझ गये कि रमणी बात करने को मना कर रही थी। निषेध का अधिक प्रयोजन भी नहीं था। नवकुमार क्या कहते! वह आश्चर्य से खड़े रह गये। कापालिक यह सब कुछ देख नहीं सका था; वह क्रमशः आगे बढ़ता गया। उसके सुनने की परिधि के बाहर चले जाने पर रमणी ने धीमे स्वर में कहा, "कहाँ जा रहे हो? उसके साथ मत जाओ, यहाँ से भागो!"

यह कहने के साथ ही वह चुपके से खिसक गयी। नवकुमार पहले तो कुछ विमूढ़-से खड़े रहे, इसके बाद उस युवती के चले जाने से एक अवसाद ने उन्हें घेर लिया। सोचने लगे, 'यह कैसी माया है? या मेरा भ्रम है? जो बात सुनाई दी, वह आशंकासूचक है; लेकिन वह आशंका किस बात की है? तान्त्रिक सब कुछ कर सकता है। तो क्या भागना चाहिए? लेकिन भागकर जाऊँ कहाँ?'

नवकुमार इसी उधेड़बुन में पड़े थे। तभी उन्होंने देखा कि कापालिक

उन्हें न पाकर वापस लौट रहा था। कापालिक ने कहा, "तुम रुक क्यों गये?"

जब मनुष्य अपना कर्तव्य स्थिर नहीं कर पाता, तो वह बिना सोचे-समझे जो कहा जाये, वही करने लगता है। कापालिक द्वारा पुनः बुलाये जाने पर बिना कोई प्रतिवाद किये ही नवकुमार उसके पीछे चल पड़े।

कुछ दूर जाने के बाद सामने एक मिट्टी की दीवारवाली कुटी दिखाई दी। उसे कुटी भी कहा जा सकता था और छोटा घर भी। इसके पीछे ही सागर-तट था। उस कुटी की बगल से वह कापालिक नवकुमार को लेकर चला। उसी समय तीर की तरह वही रमणी फिर एक बाजू से दूसरे बाजू निकल गयी। जाते समय उसने फिर कहा, "अब भी वक्त है। भाग जाओ। क्या तुम नहीं जानते कि बिना नरमाँस के तान्त्रिक की पूजा नहीं होती?"

नवकुमार के माथे पर पसीना आ गया। दुर्भाग्यवश रमणी की यह बात कापालिक के कानों में पहुँच गयी; उसने पुकारा-"कपालकुण्डले!"

यह शब्द नवकुमार के कानों में मेघ-गर्जन की तरह गूँजा; लेकिन कपालकुण्डला ने इसका कोई उत्तर नहीं दिया।

अब कापालिक नवकुमार का हाथ पकड़कर आगे बढ़ने लगा। नरहत्या वाले हाथों का स्पर्श होते ही नवकुमार की धमनियों की धड़कन बढ़ गयी। अचानक नवकुमार ने सचेत होकर कहा, "मेरा हाथ छोड़ दीजिए।"

कापालिक ने कोई उत्तर नहीं दिया। नवकुमार ने पूछा, "मुझे कहाँ ले जाना चाहते हैं?"

कापालिक ने कहा, "पूजा के स्थान में।"

नवकुमार ने पूछा, "क्यों?"

कापालिक ने कहा, "तुम्हारी हत्या करने के लिए।"

यह सुनते ही नवकुमार ने झटके से अपना हाथ खींच लिया। जिस तेजी से उन्होंने अपना हाथ खींचा था, उससे यदि कोई दूसरा होता तो वह जरूर गिर पड़ता; लेकिन कापालिक हिला तक नहीं। नवकुमार की कलाई भी कापालिक के हाथों से छूटी नहीं। नवकुमार के हाथ की हड्डी मानो टूटने लगी। नवकुमार चेतनाहीन की भाँति कापालिक के साथ जाने लगे।

एक बलुहे मैदान के बीच पहुँचने पर नवकुमार ने देखा कि वहाँ भी

लकड़ी का एक कुन्दा जल रहा था। उसके चारों ओर तान्त्रिक-पूजा का सामान फैला हुआ था। उसमें नर-कपाल में भरा हुआ आसव भी था, लेकिन वहाँ कोई शव नहीं था। नवकुमार ने अनुमान किया कि आज उन्हें ही शव बनना पड़ेगा।

ढेर सारी सूखी लताएँ वहाँ लाकर पहले से रखी हुई थीं; कापालिक ने नवकुमार को उनसे कसकर बाँधना शुरू किया। नवकुमार ने शक्ति-भर विरोध किया, लेकिन व्यर्थ। उन्हें विश्वास हो गया कि उस उम्र में भी कापालिक मस्त हाथी के समान शक्तिशाली था। नवकुमार को जोर लगाते देखकर, कापालिक ने कहा, "मूर्ख! व्यर्थ कोशिश मत कर। तेरा जनम आज सार्थक हुआ। भैरवी-पूजा में तेरा माँसपिंड अर्पित होगा, इससे अधिक तेरा और क्या सौभाग्य हो सकता है।"

कापालिक नवकुमार को कसकर बाँधने के बाद अन्य तैयारियों में लग गया। तब तक नवकुमार बराबर अपने बन्धनों को तोड़ने की कोशिश करते रहे। लेकिन उन सूखी लताओं का बन्धन बहुत दृढ़ था। मुझे अब कोई बचा नहीं सकता, यह समझकर नवकुमार ने भगवान को याद करना शुरू कर दिया। एक बार जन्मभूमि की याद आयी, अपना घर याद आया, अपने माता-पिता का स्नेही चेहरा याद आया और आँसू की बूँदें ढुलककर नीचे गिरने लगीं। कापालिक प्राथमिक पूजा समाप्त कर खड्ग लेने के लिए अपने आसन से उठ खड़ा हुआ; लेकिन जहाँ उसने खड्ग रखा था, वहाँ वह न मिला। आश्चर्य की बात थी। कापालिक कुछ विस्मित हुआ। कारण, उसे पूरी तरह याद था कि शाम को उसने खड्ग को यथास्थान रख दिया था, फिर स्थानान्तरित भी नहीं किया; तब कहाँ गया? कापालिक ने इधर-उधर खोजा, लेकिन वह कहीं न मिला। तब उस कुटी की तरफ मुँह करके कपालकुण्डला को पुकारा, लेकिन कई बार पुकारे जाने पर भी कपालकुण्डला ने कोई उत्तर नहीं दिया। कापालिक की आँखें लाल और भौंहें टेढ़ी हो गयीं। वह तेजी से कदम बढ़ाता हुआ कुटी की ओर बढ़ा। मौका पाकर अपने को नवकुमार ने फिर बचाने के लिए जोर लगाया, लेकिन वह सफल नहीं हुआ।

उसी समय ही पैरों की आवाज हुई। यह ध्वनि कापालिक की थी।

नवकुमार ने नजर घुमाकर देखा, वही मोहिनी कपालकुण्डला थी। उसके हाथों में वही खड्ग था।

कपालकुण्डला मौन थी। नवकुमार ने उससे कुछ पूछना चाहा, परन्तु कपालकुण्डला ने कहा, "चुप रहो, बात मत करना। खड्ग मेरे ही पास है, मैंने उसे चुरा लिया है।"

यह कहकर कपालकुण्डला जल्दी से नवकुमार के बन्धन काटने लगी। पलक झपकते ही उसने उन्हें मुक्त कर दिया और बोली, "भागो यहाँ से। मेरे पीछे-पीछे आओ। मैं राह दिखा देती हूँ।"

यह कहकर कपालकुण्डला तीर की भाँति राह दिखाती हुई आगे दौड़ी; नवकुमार भी उसके पीछे-पीछे भागा।

सातवाँ परिच्छेद

कापालिक ने घर का कोना-कोना छान मारा, लेकिन न तो खड्ग मिला और न कपालकुण्डला ही दिखाई दी। उसके मन में सन्देह हुआ। वह फिर वापस हुआ। वहाँ पहुँचकर उसने देखा तो नवकुमार गायब था। उसे बड़ा अचरज हुआ। एक क्षण बाद उसकी निगाह कटी हुई लताओं पर गयी। कापालिक उन्हें ढूँढने निकला, लेकिन घनघोर जंगल, भागनेवाला किधर गया है, इसका पता लगाना बहुत कठिन होता है। अन्धकार के कारण किसी को राह भी नहीं दिखाई देती। अत: वह उसकी आवाज की तलाश में इधर-उधर भटका, लेकिन कोई आवाज उसके कानों में नहीं आयी। अतएव चारों तरफ देखने के लिए वह पास के एक बालू की ढूह पर चढ़ गया। कापालिक एक हिस्से से चढ़ा था; मगर वर्षा के कारण पानी ने उसके दूसरे हिस्से को कमजोर कर दिया था। शिखर पर आरोहण करने के साथ ही वह कमजोर ढूह भार पाकर बड़े जोर की आवाज के साथ गिरा और उसके साथ ही चोटी से गिरने वाले किसी भैंसे की भाँति कापालिक भी धड़ाम से गिर पड़ा।

आठवाँ परिच्छेद

अमावस्या की उस घोर अँधेरी रात में वे दोनों तेजी से दौड़ते हुए जंगल के अन्दर भागे। वह रास्ता नवकुमार के लिए अपरिचित था, बस, उस युवती के पीछे-पीछे जाने के अतिरिक्त दूसरा उपाय न था। लेकिन अँधेरी रात में, जंगल में हर समय उसका पीछा करना कठिन था। कभी वह एक ओर चली जाती, तो नवकुमार दूसरी ओर। अन्त में उस युवती ने कहा, ''मेरा आँचल पकड़ लो!'' अतः नवकुमार उसका आँचल पकड़कर चलने लगे। बहुत दूर जाने पर वे दोनों क्रमशः धीरे-धीरे चले। अँधेरे में कुछ दिखाई नहीं पड़ रहा था, केवल सितारों की रोशनी में अस्पष्ट बालुका के ढेर चमक जाते थे और जुगुनुओं की रोशनी से लक्ष्य का आभास होता था।

कपालकुण्डला इस प्रकार नवकुमार को लिये हुए घने जंगल में पहुँची। उस समय आधी रात हो चुकी थी। जंगल के अन्दर अँधेरे में एक मन्दिर का स्पष्ट शिखर दिखाई पड़ रहा था। उसकी दीवार सामने थी। दीवार से लगा हुआ एक घर था। कपालकुण्डला ने उस दीवार के दरवाजे के निकट होकर उसे थपथपाया। बार-बार थपथपाने पर भीतर से किसी एक व्यक्ति ने पूछा, ''कपालकुण्डला हो क्या?''

कपालकुण्डला बोली, ''जल्दी से दरवाजा खोलो!''

दरवाजा खुल गया। जिसने आकर दरवाजा खोला, वह मन्दिर की पुजारिन थी। उसकी उम्र कोई पचास वर्ष की रही होगी। कपालकुंडला ने अपने हाथों से उस वृद्धा की बिना बालों वाली खोपड़ी अपने पास खींचकर कान में अपने साथी के बारे में कुछ कहा।

वह पुजारिन बहुत देर तक हथेली पर गाल रखे कुछ सोचती रही।

अन्त में उसने कहा, "यह बात आसान नहीं है! वह चाहे तो कुछ भी कर सकता है। फिर भी, माता की कृपा से तुम्हारा अहित न होगा। वह आदमी कहाँ है?"

कपालकुण्डला ने 'भीतर चले आओ' कहकर पुकारा। नवकुमार आड़ में खड़े थे, बुलाये जाने पर घर के अन्दर चले गये। पुजारिन बोली, "आज यहीं छिपे रहो; कल सवेरे मैं तुम्हें मेदिनीपुर वाली सड़क पर छोड़ आऊँगी।"

बातों-बातों में पता चला कि अब तक नवकुमार ने भोजन नहीं किया है। उसके लिए भोजन का प्रबन्ध करने पर नवकुमार ने कहा-उसे केवल आराम करने की जरूरत है। पुजारिन ने अपने रसोईघर में नवकुमार के सोने का प्रबन्ध कर दिया। नवकुमार की व्यवस्था हो जाने पर कपालकुण्डला समुद्र-तट पर पुनः लौटने की तैयारी करने लगी। इस पर पुजारिन ने कपालकुण्डला से बड़े स्नेह से कहा, "अभी थोड़ा ठहरो; तुमसे एक भिक्षा है!"

कपालकुण्डला ने पूछा, "क्या?"

पुजारिन बोली, "जबसे तुम्हें देखा है, बेटी ही समझा है। माता के चरणों की शपथ खाकर कह सकती हूँ कि माता से बढ़कर मैंने तुम्हें स्नेह दिया है। मेरी याचना की अवहेलना तो न करोगी?"

कपालकुण्डला बोली, "नहीं करूँगी!"

"मेरी भिक्षा है कि अब तुम लौटकर वहाँ न जाओ।"

"क्यों?"

"जाने से तुम खतरे में पड़ जाओगी।"

"यह तो मैं भी जानती हूँ।"

"फिर पूछती क्यों हो?"

कपालकुण्डला बोली, "नहीं जाऊँगी, तो कहाँ रहूँगी?"

पुजारिन ने कहा, "इसी पथिक के साथ यहाँ से बाहर चली जाओ।"

कपालकुण्डला मौन रही। पुजारिन ने पूछा, "बेटी! क्या सोचती हो?"

कपालकुण्डला बोली, "जब तुम्हारा शिष्य आया था, तो तुमने कहा था

कि युवती का इस प्रकार युवा पुरुष के साथ जाना उचित नहीं। अब जाने को क्यों कहती हो?''

''उस समय तुम्हारी मृत्यु की आशंका नहीं थी; विशेषतः जिस सदुपयोग की सम्भावना थी, वह अब हो सकेगा। आओ, माता की अनुमति ले आयें।''

यह कहकर पुजारिन ने दीपक हाथ में लिया और जाकर माता के मन्दिर का दरवाजा खोला। कपालकुण्डला भी उनके साथ-साथ गयी। मन्दिर में आदमकद काली-मूर्ति स्थापित थी। दोनों ने भक्तिपूर्वक उसे प्रणाम किया। पुजारिन ने आचमन कर पुष्पपात्र से एक साबुत बेलपत्र लेकर मंत्र-जप किया और उसे प्रतिमा के पैरों पर संस्थापित कर उसकी ओर देखती रही। थोड़ी देर बाद उसने कपालकुण्डला की तरफ देखकर कहा, ''बेटी! देखो, माता ने अर्घ्य ग्रहण कर लिया है। बिल्वपत्र गिरा नहीं। जिस मनौती से मैंने अर्घ्य चढ़ाया था, उसमें अवश्य मंगल है! तुम इस पथिक के साथ निःसंकोच यात्रा करो। लेकिन मैं विषयी लोगों का चरित्र जानती हूँ। तुम यदि इसका बोझ बनकर जाओगी, तो यह व्यक्ति अपरिचित युवती को साथ लेकर लोगों के सामने जाने में लज्जित होगा; तुमसे भी लोग घृणा करेंगे। तुम कहती हो कि यह व्यक्ति ब्राह्मण-सन्तान है। इसके गले में यज्ञोपवीत भी दिखाई दे रहा है। यह यदि तुम्हें विवाह करके ले जाये, तो मंगल होगा। ऐसा न हो, तो भी मैं तुम्हें इसके साथ जाने को नहीं कह सकती।''

'वि...वा...ह!' यह शब्द बड़े ही धीमे स्वर में कपालकुण्डला ने कहा। फिर बोली, ''विवाह का नाम तो तुम लोगों के मुँह से सुना है, किन्तु विवाह किसे कहते हैं, मैं नहीं जानती। इसके लिए मुझे क्या करना होगा?''

पुजारिन ने मुसकराकर कहा, ''विवाह ही स्त्रियों के लिए धर्म का एकमात्र पथ है; इसीलिए स्त्री को सहधर्मिणी कहते हैं। इस जगत् की माता भी भगवान् शिव की सहधर्मिणी हैं।''

पुजारिन ने सोचा कि सब समझा दिया; कपालकुण्डला को भी ऐसा ही लगा। वह बोली, ''जैसा तुम ठीक समझो, किन्तु मैं यहीं रहूँगी। यहाँ से जाने का मेरा मन नहीं करता है। उन तन्त्र-साधकों ने इतने दिनों तक मुझे पाला है?''

पुजारिन बोली, ''किसलिए इतने दिनों तक तुम्हें पाला-पोसा क्या तुम

नहीं जानतीं? तुम नहीं जानतीं कि बिना स्त्री का सतीत्व-नाश किये तान्त्रिक क्रिया सिद्ध नहीं होती। मैंने तन्त्रशास्त्र पढ़ा है। माता जगदम्बा सती का सतीत्व है। सतियों में प्रधान हैं। वे सतीत्व-नाशवाली पूजा कभी ग्रहण नहीं करतीं। इसलिए मैं उन तन्त्र-साधकों के विरुद्ध आचरण कर रही हूँ। तुम यदि भागोगी, तो कभी कृतघ्न कहलाओगी। अब तक सिद्धि का समय उपस्थित नहीं हुआ है, इसीलिए तुम्हारी रक्षा हुई है। आज तुमने जो कार्य किया है, उससे तुम्हारे प्राणों का भी संकट बढ़ गया है। इसलिए कहती हूँ कि देवी की ऐसी ही आज्ञा है। यदि मैं अपने यहाँ रख सकती, तो तुम्हें अवश्य रख लेती। लेकिन तुम तो जानती हो, उस व्यक्ति का कोई भरोसा नहीं है।''

कपालकुण्डला बोली, ''ठीक है, मैं शादी के लिए तैयार हूँ।''

वे दोनों मन्दिर से बाहर निकलीं। एक कमरे में कपालकुण्डला को बैठाकर पुजारिन नवकुमार के सिरहाने जाकर बैठ गयी। उसने पूछा, ''बेटा! सो रहे हो क्या?''

नवकुमार को नींद नहीं आ रही थी, ऐसी भयानक स्थिति के बाद आँख भी कैसे लगती। उन्होंने कहा, ''जी नहीं!''

पुजारिन बोली, ''आपका परिचय जानने आयी हूँ। क्या आप ब्राह्मण हैं?''

''जी हाँ।''

''किस श्रेणी के हैं?''

''राढ़ी।''

पुजारिन ने कहा, ''हमलोग भी राढ़-देशीय हैं। इस समय माता की सेवा में हूँ। तुम्हारा क्या नाम है?''

''नवकुमार शर्मा।''

''निवास?''

''सप्तग्राम।''

''गोत्र?''

''बन्ध्यघटी।''

पुजारिन ने फिर पूछा, "कितनी शादियाँ की हैं?"

"केवल एक।"

नवकुमार की रामगोविन्द घोष की बेटी से शादी तो हुई थी, पर शादी के बाद पद्मावती अपने पिता के घर पर ही रही; बीच-बीच में ससुराल आती थी। तेरह वर्ष की उम्र में उसके पिता सपरिवार पुरुषोत्तम-दर्शन के लिए गये। उस समय अकबर द्वारा बंगाल से भगाये पठान लोग जाकर उड़ीसा में छिपे थे। जब रामगोविन्द घोष उड़ीसा से वापस होने लगे, तो उस समय मुगलों और पठानों में लड़ाई छिड़ गयी। दुर्भाग्य से रामगोविन्द सपरिवार पठानों के हाथों पड़ गये। पठानों में उस समय इंसानियत नाम की कोई चीज नहीं रह गयी थी। वे पैसों के लिए यात्रियों से जबरदस्ती करते थे। रामगोविन्द से पठानों का झगड़ा हो गया। फलस्वरूप वे लोग बन्दी बना लिये गये। अन्ततः घोष महाशय को धर्म बदलने के बाद ही छुटकारा मिला।

इस प्रकार रामगोविन्द घर तो अवश्य लौट आये, लेकिन विधर्मी बन जाने के कारण रिश्तेदारों द्वारा बहिष्कृत हो गये। नवकुमार के पिता ने भी जाति जाने के डर से पुत्रवधू का त्याग कर दिया। नवकुमार की फिर कभी अपनी पत्नी से भेंट नहीं हुई।

कुटुम्बियों द्वारा जाति से निकाले जाने के बाद रामगोविन्द घोष दिल्ली चले गये और दरबार की नौकरी करने लगे। दिल्ली चले जाने के बाद से अपने श्वसुर या पत्नी का कोई समाचार नवकुमार को नहीं मिला। वहाँ जाने की आवश्यकता भी कभी नहीं पड़ी। नवकुमार ने अपनी शादी नहीं की।

पुजारिन यह सब बातें नहीं जानती थी। उसने मन में सोचा, 'कुलीन व्यक्ति की दो शादियों में हर्ज ही क्या है?' उसने प्रकट रूप में कहा, "आपसे एक बात पूछने के लिए आयी थी और वह बात यह है कि जिस कन्या ने आपकी प्राण-रक्षा की है, उसने परहितार्थ अपना जीवन संकट में डाल दिया है। उसकी जान पर बन आयी है। वह जिस व्यक्ति के पास पली है, वह बड़े भयंकर स्वभाव का है। उसके पास फिर लौटकर जाने में, जो दशा आपकी हुई थी, वही दशा इसकी होगी। क्या अब आप इसकी जान बचा सकते हैं?"

नवकुमार बोले, मैं भी ऐसी ही आशंका कर रहा था। आप ही इसका

उपाय बताइए। मेरे प्राण देने से भी यदि कोई भला हो सके तो मैं पीछे नहीं हटूँगा। मैं तो यह सोचता हूँ कि उस नरबलि देनेवाले के पास मैं स्वयं चला जाऊँ, तो शायद उसके प्राण बच जाएँगे।

पुजारिन ने हँसकर कहा, "आप पागल हैं! इससे कुछ नहीं होगा। आपकी जान तो जाएगी ही, इस बेचारी को भी उसका क्रोध बर्बाद कर देगा। इसका केवल एक ही उपाय है!"

नवकुमार ने पूछा, "कैसा उपाय?"

"आपके साथ यह भी भाग जाए। लेकिन यह कठिन है। यहाँ रहने पर जल्दी ही में आप पकड़ लिये जाएँगे। इस देवालय में उस तान्त्रिक का आना-जाना लगा रहता है, अतः कपालकुण्डला भी संकट से बच नहीं सकती।"

नवकुमार ने आग्रह से पूछा, "मेरे साथ भागने में कोई कठिनाई है क्या?"

पुजारिन बोली, "यह किसकी कन्या है, किस कुल में इसका जन्म हुआ है, यह आप नहीं जानते। यह किसकी पत्नी है, किस चरित्र की है, यह भी नहीं जानते। क्या आप इसे अपनी संगिनी बनाएँगे? संगिनी बनाकर ले जाने पर भी क्या आप इसे अपने घर में जगह देंगे? और यदि आपने जगह न दी, तो यह अनाथ कहाँ जाएगी?"

नवकुमार ने थोड़ा विचार करने के बाद कहा, "अपनी प्राणरक्षिका के लिए ऐसा कोई कार्य नहीं, जिसे मैं न कर सकूँ। ये मेरे परिवार के व्यक्ति के रूप में रह सकेंगी।"

पुजारिन बोली, "ठीक है! लेकिन जब आपके आत्मीय-स्वजन पूछेंगे कि यह किसकी स्त्री है, तो आप क्या उत्तर देंगे?"

नवकुमार ने सोचते हुए कहा, "तब आप ही इसका परिचय मुझे बता दें। आप जो कहेंगी, मैं वही कहूँगा!"

"ठीक है। लेकिन इस लम्बी राह में, एक-दूसरे की सहायता के बिना कैसे रह सकेंगे? देखने वाले क्या कहेंगे? तुम अपने सम्बन्धियों से क्या कहोगे? मैं इसे अपनी बेटी मानती हूँ; ऐसे में भी किसी अमानवी युवक के साथ इसे परदेश कैसे जाने दे सकती हूँ?"

नवकुमार ने कहा, "आप भी हमारे साथ चलिए!"

"मैं साथ जाऊँगी, तो भवानी की पूजा कौन करेगा?"

नवकुमार ने क्षुब्ध होकर कहा, "तो बताइए मैं क्या करूँ?"

पुजारिन बोली, "केवल एक उपाय है, जो आपकी उदारता पर निर्भर है।"

"वह क्या है? बताइए?"

पुजारिन बोली, "सुनिए! यह ब्राह्मण की बेटी है। बचपन में ईसाइयों द्वारा अपहृत करके ले जायी जा रही थी। जहाज टूट जाने के कारण इसी समुद्रतट पर छोड़ दी गयी। इसके बाद कापालिक ने इसे अपनी सिद्धि का उपकरण बनाकर और पाल-पोसकर बड़ा किया। शीघ्र ही अब वह अपना मतलब सिद्ध करनेवाला था। यह अभी तक अविवाहिता है और साथ ही चरित्र में पवित्र है। आप इसके साथ विवाह कर लें। इस प्रकार कोई कुछ कह भी न सकेगा। मैं शास्त्रीय पद्धति से विवाह-कार्य पूरा करा दूँगी।"

नवकुमार को जैसे झटका लगा। वे खड़े हो गये और इधर-उधर घूमने लगे। उन्होंने कोई उत्तर नहीं दिया। पुजारिन ने थोड़ी देर बाद फिर कहा, "अब आप इस समय सोएँ। मैं कल तड़के जगा दूँगी। यदि इच्छा होगी, तो अकेले चले जाइएगा। मैं आपको मेदिनीपुर की राह पर छोड़ आऊँगी।"

नौवाँ परिच्छेद

अगले दिन भोर होते ही पुजारिन नवकुमार के पास आयी। उसने देखा कि अभी तक नवकुमार सोये न थे। उसने पूछा, "अब बताइए, क्या करना चाहिए?"

नवकुमार ने कहा, "आज से कपालकुण्डला मेरी धर्मपत्नी हुई। इसके लिए यदि मुझे दुनिया भी छोड़नी पड़े तो छोड़ूँगा। कन्यादान कौन करेगा?"

पुजारिन का चेहरा खिल उठा। उसने सोचा, 'इतने दिनों बाद जगदम्बा की कृपा से, जान पड़ता है, मेरी कपालिनी का ठिकाना लगा।' प्रकट में कहा, "मैं करूँगी।" यह कहकर वह अपने कमरे में गयी और एक पुरानी थैली से एक पत्रा निकाल आयी। पत्रा ताड़पत्र का था। उसे देखकर उसने कहा, "यद्यपि आज लग्न नहीं है, लेकिन शादी में कोई हर्ज नहीं। गोधूलि वेला में कन्यादान करूँगी। तुम्हें आज व्रत रखना होगा, बाकी लौकिक कार्य घर जाकर पूरा कर लेना। एक दिन के लिए तुम लोगों को छिपाने योग्य स्थान मेरे पास है। आज यदि कापालिक आएगा भी तो तुम्हें खोज न पाएगा। इसके बाद शादी हो जाने पर कल सवेरे सपत्नीक घर चले जाना।"

नवकुमार राज़ी हो गये। इस अवस्था में जहाँ तक सम्भव हो सका, वहाँ तक यथाशास्त्र कार्य हुआ। गोधूलि लग्न में नवकुमार के साथ कापालिक द्वारा पालित संन्यासिनी का विवाह हो गया।

कापालिक को कोई ख़बर नहीं लगी। दूसरे दिन सवेरे तीनों यात्रा की तैयारी करने में लग गये।

यात्रा के समय कपालकुण्डला देवी को प्रणाम करने के लिए गयी। भक्तिभाव से प्रणाम कर पुष्पपात्र से एक अखण्डित बिल्वपत्र उठाकर

कपालकुण्डला ने देवी के चरणों पर चढ़ा दिया और ध्यानपूर्वक उसे देखती रही। लेकिन वह बिल्वपत्र गिर गया।

कपालकुण्डला बड़ी भक्तिपरायण थी। बिल्वपत्र को दैवप्रतिमा के चरण से गिरते देखकर वह बहुत घबरायी। उसने यह बात पुजारिन से कही; वह भी दुःखी हुई और बोली, "अब दूसरा कोई उपाय नहीं है। अब पति ही तुम्हारा धर्म है! पति यदि श्मशान में भी जाए तो तुम्हें साथ ही जाना होगा। अतएव अब कुछ भी सोचना बेकार है।"

सब लोग चुपचाप चले। दिन चढ़ने के बाद वे मेदिनीपुर की राह में पहुँच गये। वहाँ से पुजारिन विदा हो गयी। कपालकुण्डला रोने लगी। कपालकुण्डला को अपने सबसे प्रियजन से विदा लेनी पड़ रही थी, उससे अब भेंट नहीं होने वाली थी।

पुजारिन भी रोने लगी। फिर आँसू पोंछकर उसने कपालकुण्डला से धीरे-से कहा, "बेटी, तू तो जानती है, भगवती की कृपा से मुझे पैसों की कमी नहीं है। हिलजी का प्रत्येक व्यक्ति पूजा करता है। तेरी धोती के किनारे मैंने जो बाँध दिया है, उसे अपने पति को दे देना। कहना, पालकी आदि का प्रबन्ध कर लेंगे। बेटी! अपने दिल से मेरी याद भुला न देना!"

पुजारिन उन्हें देखते हुए रोकर विदा हुई। कपालकुण्डला भी रोती हुई आगे बढ़ी।

द्वितीय खण्ड

पहला परिच्छेद

किसी लेखक ने कहा है, "मनुष्य का जीवन कविता की तरह है!" कपालकुण्डला के जीवनकाव्य का एक सर्ग समाप्त हुआ। इसके बाद...

नवकुमार ने मेदिनीपुर पहुँचकर पुजारिन द्वारा दिये धन से कपालकुण्डला के लिए एक दासी, एक पहरेदार और पालकी-वाहक नियुक्त कर, उसे पालकी में बैठाकर आगे भेज दिया। पैसे अधिक न होने के कारण वह स्वयं पैदल चले। नवकुमार एक दिन पहले के परिश्रम से थके हुए थे। दोपहर के भोजन के बाद पालकी ढोनेवाले कहार उन्हें पीछे छोड़कर बहुत आगे निकल गये। धीरे-धीरे शाम ढलने लगी। आसमान में हलके-फुलके बादल छाये हुए थे। धीरे-धीरे धरती पर अँधेरे की चादर ढँक गयी। बूँदा-बाँदी भी होने लगी थी। नवकुमार कपालकुण्डला तक पहुँचने के लिए व्यग्र होने लगे। उन्होंने मन में सोचा था कि आगे की सराय में मुलाकात होगी; लेकिन पालकी वहाँ भी न थी। रात के नौ बजे का समय हो रहा था। नवकुमार तेजी से आगे बढ़ रहे थे। एकाएक किसी सख़्त चीज से उनका पैर टकराया, जिससे उन्हें ठोकर लगी। उनके भार से वह टूट गयी। नवकुमार ने फिर पैर बढ़ाया, लेकिन दुबारा टूटने की आवाज आयी। उन्होंने उस चीज को हाथ से उठाकर देखा, वह एक टूटा हुआ तख्ता था।

नवकुमार ने गौर से देखकर पहचान लिया कि वह किसी टूटी हुई पालकी का टुकड़ा था। उसे देखते ही नवकुमार का दिल काँप उठा। उन्हें लगा, कपालकुण्डला किसी विपत्ति में न पड़ गयी है। आगे बढ़ने पर किसी कोमल वस्तु से उनके पैर टकराये। लगा वह कोई औरत थी। तुरन्त वहीं बैठकर टटोलकर उन्होंने देखा कि वह एक मनुष्य शरीर ही था, इसके साथ

कुछ गीला-सा भी हाथ से लगा; मनुष्य-शरीर था लेकिन बर्फ जैसा ठण्डा। उसकी नाड़ी भी नहीं चल रही थी। ध्यान से देखा, तो साँस लेने का हलका-सा शब्द सुनाई पड़ा। श्वास है तो नाड़ी क्यों नहीं चलती? क्या यह रोगी है? नाक पर हाथ रखकर देखा, लगा वह साँस भी नहीं ले रही थी। फिर यह शब्द कैसा? शायद कोई जीवित व्यक्ति भी यहाँ होगा; यह सोचकर उन्होंने पूछा, "यहाँ कोई जीवित है?"

धीमे स्वर में उत्तर मिला, "हाँ।"

नवकुमार ने पूछा, "तुम कौन हो?"

जवाब में उसने कहा, "तुम कौन हो?"

नवकुमार को यह स्वर किसी स्त्री की तरह लगा। उन्होंने घबराकर पूछा, "क्या तुम कपालकुण्डला हो?"

स्त्री ने कहा, "कपालकुण्डला को मैं नहीं जानती-मैं तो पथिक हूँ, डाकुओं द्वारा जरूर कुंडल अपहृता हूँ।"

उसकी बात सुनकर नवकुमार की जान में जान आयी। उन्होंने पूछा, "क्या हुआ है?"

उत्तर देनेवाली ने कहा, "डाकुओं ने मेरी पालकी तोड़ दी है; मेरे एक रक्षक को मार डाला है। मेरे बाकी साथी भाग गये हैं। डाकुओं ने मेरे गहने लेकर मुझे पालकी से बाँध दिया है।"

नवकुमार ने अँधेरे में ही निकट जाकर देखा कि सचमुच कोई स्त्री पालकी से कसकर कपड़े से बँधी थी। नवकुमार ने जल्दी से उसके बन्धन खोलकर पूछा, "क्या तुम उठ सकोगी?"

स्त्री ने जवाब दिया, "मेरे पैर में लाठी की चोट लगी है, फिर भी सहायता मिलते ही उठ खड़ी होऊँगी।"

नवकुमार ने हाथ बढ़ाया। वह स्त्री उसकी सहायता से खड़ी हुई। नवकुमार ने पूछा, "क्या तुम चल सकोगी?"

इस प्रश्न का कोई जवाब न देकर उस स्त्री ने पूछा, "आपके पीछे क्या कोई पथिक आ रहा था?"

नवकुमार ने कहा, "नहीं।"

स्त्री ने फिर पूछा, "यहाँ से बाजार कितनी दूर है?"

नवकुमार ने जवाब दिया, "मैं भी नहीं कह सकता, लेकिन जान पड़ता है कि पास ही होगा।"

स्त्री ने कहा, "अँधेरी रात में अकेली जंगल में बैठकर क्या करूँगी; आपके साथ आगे के पहाड़ तक चलना ही उचित है। शायद कोई सहारा पाने पर चल सकूँगी।"

नवकुमार ने कहा, "विपत्ति में संकोच करना मूर्खता है। मेरे कन्धे का सहारा लेकर चलो!"

उस स्त्री ने नवकुमार के कन्धे का सहारा लेकर चलने लगी।

बाजार पास ही था। उन दिनों बाजार के करीब भी ऐसे कांड हुआ करते थे। डाकू कहीं भी कुछ भी कर गुजरते थे। थोड़ी देर बाद नवकुमार उस स्त्री को साथ लेकर बाजार में जा पहुँचे।

नवकुमार ने देखा कि वहाँ कपालकुण्डला भी पहुँच गयी थी। उनकी दासियों ने उनके लिए एक कमरा ले रखा था। नवकुमार ने अपने साथ आयी उस स्त्री के लिए बगल का कमरा ठीक कर लिया। आज्ञानुसार घर की मालकिन एक दीपक उस कमरे में रख गयी। उसके प्रकाश में अब नवकुमार ने देखा कि वह रमणी असाधारण सुन्दरी थी–रूपराशि की तरंग में उसके यौवन की शोभा सावन की भरी हुई नदी की तरह छलाछल छलक रही थी।

दूसरा परिच्छेद

यदि रमणी निर्दोष होती तो कहता, 'पुरुष पाठक! यह आपकी पत्नी जैसी सुन्दरी है। और सुन्दरी पाठिका! यह शीशे में पड़नेवाले आपके प्रतिबिम्ब जैसी है। मगर दुर्भाग्य से वह सर्वांग सुन्दरी नहीं थी। इसलिए ऐसा कुछ कहने की आवश्यकता नहीं थी।'

वह सुन्दरी सम्पूर्ण नहीं थी। वह थोड़ी मोटी थी तथा उसके ओठ चिपटे थे और वह साँवली थी।

थोड़ी मोटी होने के बावजूद उसका शरीर सुडौल था। बरसात में जैसे लता पत्तों से भरी होती है, वैसे ही इस कामिनी की देह-लता भी भरी हुई थी। अतएव कुछ मोटी होने के बावजूद उसका आकर्षण कम नहीं था। वह चन्द्रमा की भाँति गोरी या उषाकाल के रंग जैसी भले ही न रही हो, परन्तु उसका रंग आँखों को भला लगता था। वैसे वह साँवली थी-और साँवली भी तपते हुए सोने जैसी। गोरे रंगवालों की भाँति उस साँवली कन्या का रंग भी कम लुभावना नहीं था। उसकी आँखें बहुत बड़ी तो नहीं थीं, लेकिन उनमें एक चमक थी। उसका कटाक्ष सीधे दिल पर उतर जाता था। सामनेवाले का कुछ भी उससे छिपा नहीं था। वह जब हंस की तरह अपनी गर्दन टेढ़ी करके खड़ी होती थी, तो लगता वह कहीं की महारानी है।

वह सत्ताईस वर्ष की रही होगी। मानो भादों की भरी हुई नदी हो। वैसे ही उसका सौन्दर्य झिलमिला रहा था। पूर्ण यौवना होने के कारण उसका समूचा शरीर थोड़ा चंचल था। ठीक शरद् काल में मन्थर बहती नदी की भाँति। उसकी शोभा हर क्षण कुछ अलग प्रतीत होती थी। नवकुमार अपलक उस नवशोभा को निरख रहे थे।

उस सुन्दरी ने नवकुमार से पूछा, "आप मुझे इस प्रकार क्यों देख रहे हैं?"

नवकुमार ने शरमाकर आँखें नीची कर लीं।

उस अपरिचित युवती ने फिर हँसकर पूछा, "आपने क्या कभी किसी युवती को देखा नहीं है? अथवा मैं ही बहुत सुन्दर दिखाई देती हूँ?"

यह बात सहज ही कही गयी होती, तो ध्वनि कुछ और होती, लेकिन युवती ने जिस कटाक्ष के साथ कहा था, उसमें व्यंग्य के अतिरिक्त और कुछ नहीं था। नवकुमार को लगा कि वह शरमानेवाली लड़की नहीं थी; फिर भला उसकी बात का जवाब क्यों न देते। बोले, "मैंने कितनी ही युवतियों को देखा है, लेकिन तुम्हारी जैसी नहीं देखी।"

उसने बड़े घमंड से पूछा, "क्या एक भी नहीं?"

नवकुमार के हृदय में कपालकुण्डला का रूप जाग रहा था; उन्होंने भी सगर्व उत्तर दिया–"एक भी नहीं, ऐसा तो नहीं कह सकता।"

पत्थर पर मानो लोहे की चोट हुई। युवती बोली, "तो क्या वह आपकी पत्नी है?"

नवकुमार ने पूछा, "ऐसा कैसे सोचा?"

वह बोली, "बंगाल के लोग अपनी पत्नी को ही सबसे ज्यादा सुन्दर समझते हैं।"

"हाँ, मैं बंगाली तो हूँ; लेकिन क्या आप बंगाल की नहीं हैं?"

वह बोली, "मैं अभागिनी बंगाल की नहीं हूँ, मैं पछाँह की रहनेवाली हूँ।"

नवकुमार ने सोचा, यह जहाँ की भी हो, परन्तु बातें बिलकुल बंगालियों जैसी कर रही है। थोड़ी देर बाद युवती ने कहा, "महाशय मेरा परिचय तो जान लिया, परन्तु अपने बारे में भी तो बताइए। आप कहाँ के निवासी हैं?"

नवकुमार ने कहा, "सप्तग्राम का।"

इस बार उसने कुछ नहीं कहा। वह मुड़कर दीपक की लौ तेज करने लगी।

थोड़ी देर बाद बिना मुँह उठाये बोली, "इस दासी का नाम मोती है। क्या मैं आपका नाम जान सकती हूँ?"

जवाब मिला–"नवकुमार शर्मा"

अचानक दीया बुझ गया।

तीसरा परिच्छेद

नवकुमार ने गृहस्वामिनी को बुलाकर दूसरा दीपक लाने के लिए कहा। अँधेरे में नवकुमार को लगा उस युवती ने गहरी साँस ली। थोड़ी देर बाद मुगल वंश का उनका नौकर हाजिर हुआ। उस युवती ने उससे पूछा, तुम लोगों को इतनी देर क्यों हुई? बाकी लोग कहाँ हैं?

नौकर ने कहा, "पालकी ढोनेवाले सब मतवाले हो रहे थे। उन सबको इकट्ठा करके ले आने में हमलोग पालकी से बहुत पीछे छूट गये थे। बाद में टूटी पालकी और आपको न देखकर हमलोगों के होश उड़ गये। बाकी लोग वहीं हैं। कुछ लोग आपको ढूँढने निकले हैं। मैं आपको खोजने के लिए इधर आ गया।"

मोती ने कहा, "उन सबको ले आओ!"

नौकर सलाम करके चला गया। वह कुछ समय तक अपनी ठोढ़ी पर हाथ रखे बैठी रही।

नवकुमार ने विदा होना चाहा। इसके बाद मोती बीबी ने एकाएक खड़ी होकर पूछा, "आप कहाँ रहेंगे?"

नवकुमार, "यहीं बगल के कमरे में।"

मोती बीबी, "आपके कमरे के सामने एक पालकी रखी थी। क्या आपके साथ कोई है?"

"मेरी पत्नी मेरे साथ है।"

मोती बीबी को फिर व्यंग्य करने का मौका मिला। बोली, "क्या यह वही अद्वितीय सुन्दरी है?"

"देखने से स्वयं समझ सकेंगी।"

मोती बीबी बोली, "क्या भेंट हो सकेगी?"

नवकुमार ने कहा, "हर्ज क्या है?"

मोती बीबी, "तो कृपा कीजिए न! उस सुन्दरी को देखने की बड़ी इच्छा हो रही है। आगरा जाकर मैं कहना चाहती हूँ। लेकिन अभी आप जायें। थोड़ी देर बाद मैं खबर कर दूँगी।"

नवकुमार चले गये। थोड़ी देर बाद बहुतेरे आदमी, दास-दासी और वाहक सन्दूक आदि लेकर हाजिर हुए। एक पालकी भी आयी, उसमें एक दासी थी। इसके बाद नवकुमार के पास खबर आयी, "बीबी आपको याद कर रही हैं।"

नवकुमार मोती बीबी के पास फिर वापस आये। देखा, इस बार दूसरा ही रूपान्तर है। मोती बीबी ने अपनी वेशभूषा बदल ली थी। उसने गहने पहन लिये थे। नवकुमार की आँखें चमक उठीं। अधिकांश स्त्रियाँ अधिक आभूषण पहन लेने पर श्रीहीन हो जाती हैं, सजायी गयी पुतली की भाँति दिखाई पड़ने लगती हैं। लेकिन मोती बीबी में श्रीहीनता नहीं आयी थी। सितारों से भरे आसमान की तरह उसकी देह पर गहने शोभा दे रहे थे। मोती बीबी ने नवकुमार से कहा, "चलिए, आपकी पत्नी से मिल आऊँ।"

नवकुमार ने कहा, "इसके लिए इतने गहने पहनने की क्या आवश्यकता थी, मेरे परिवार में तो गहने हैं ही नहीं।"

मोती बीबी बोली, "गहनों को दिखाने के लिए ही पहन लिया है। आप नहीं जानते, स्त्रियों के पास गहने रहें और वे लोगों को न दिखाएँ, यह नहीं हो सकता–यह स्त्री-प्रकृति है। खैर, चलिये, चलें!"

नवकुमार मोती बीवी को साथ लेकर चले। जो दासी पालकी पर आयी थी, वह भी साथ चली। उसका नाम पेशमन था।

कपालकुंडला कमरे में फर्श पर बैठी थी। वहाँ एक दीपक जल रहा था। उसके घने बाल खुले थे। मोती बीबी ने पहले उन्हें जब देखा, तो उसके होंठ के किनारे की ओर आँखों में कुछ व्यंग्य दिखाई दिया। अच्छी तरह देखने के लिए वह दीपक उठाकर कपालकुण्डला के चेहरे के पास ले आयी।

लेकिन उसे देखते ही उसका चेहरा गम्भीर हो गया। वह कपालकुंडला का सौन्दर्य देखती रह गयी।

थोड़ी देर बाद मोती बीबी अपने शरीर से गहने उतारकर कपालकुण्डला को पहनाने लगी। कपालकुण्डला कुछ न बोली। नवकुमार बोले, "यह क्या कर रही हैं?"

मोती बीबी ने इसका कोई जवाब नहीं दिया।

गहने पहनाने के बाद उसे ठीक से देखकर मोती बीबी बोली, "आपने सच कहा था, ऐसे फूल राजोद्यान में भी नहीं खिलते। दुःख यही है कि इस रूपराशि को राजधानी में न दिखा सकी। ये गहने इसी शरीर के उपयुक्त हैं; इसलिए मैंने पहना दिये हैं। आप भी इन्हें देखकर कभी-कभी इस मुखरा विदेशिनी को याद किया करेंगे।"

नवकुमार ने चमत्कृत होकर कहा, "यह क्या? यह सब बहुमूल्य अलंकार हैं, मैं इन्हें क्यों लूँ?"

मोती ने कहा, "ईश्वर की कृपा से मेरे पास बहुत हैं। यदि इन्हें पहनाकर मैं सुखी होती हूँ, तो आप उसमें बाधा मत डालिए।"

यह कहती हुई मोती बीबी दासी के साथ वापस चली गयी। अकेले में पहुँचने पर पेशमन ने मोती बीवी से पूछा, "बीबी, यह आदमी कौन है?"

मोती बीबी ने कहा, "मेरा पति।"

चौथा परिच्छेद

मोती बीबी ने गहने रखने के लिए हाथीदाँत का बना एक बक्स भेज दिया था। उस बक्से पर चाँदी जड़ी हुई थी। डाकू उसकी थोड़ी ही चीजें लूट पाये थे। कुछ चीजें पीछे से सेवकों के पास होने के कारण बच गयी थीं।

नवकुमार ने दो-एक गहने कपालकुंडला के शरीर पर छोड़कर शेष सबको सन्दूक में रख दिया। दूसरे दिन सवेरे मोती बीबी बर्द्धमान की ओर और नवकुमार सप्तग्राम की ओर रवाना हुए। नवकुमार ने कपालकुंडला को पालकी में बैठा कर गहनों का सन्दूक साथ ही रख दिया। कहार तेजी से नवकुमार को पीछे छोड़कर आगे बढ़ गये। कपालकुंडला पालकी का दरवाजा खुला रखकर चारों ओर देखती जा रही थी। उसे एक भिक्षुक दिखा। उसने कहा–"मैं एक तो सामान्य भिक्षुक हूँ। किसी तरह यहाँ आ पहुँचा हूँ।"

कपालकुण्डला ने कहा, "मेरे पास तो कुछ भी नहीं है, तुम्हें क्या दूँ?"

भिक्षुक ने कपालकुण्डला के पहने गहनों की ओर देखते हुए कहा, "यह क्या कहती हो माँ! आपके पास हीरे-मोती के गहने हैं-क्या सचमुच आपके पास कुछ भी नहीं?"

कपालकुंडला ने पूछा, "गहने से तुम सन्तुष्ट हो जाओगे?"

भिक्षुक कुछ विस्मित होकर बोला, "क्यों नहीं, माँ!"

कपालकुंडला ने अपने सारे गहने बक्स सहित उस भिखारी को दे दिये। अपने पहने गहने भी।

भिक्षुक विह्वल हो गया। दास-दासी कोई भी न जान सका। भिक्षुक का विह्वल भाव क्षण-भर का था। इधर-उधर देखकर वह एक साँस से एक ओर भागा। कपालकुंडला ने सोचा, 'भिक्षुक भागा क्यों?'

पाँचवाँ परिच्छेद

नवकुमार कपालकुण्डला को लिये हुए अपने घर पहुँचे। नवकुमार के पिता की मृत्यु हो चुकी थी। घर में विधवा माता और दो बहिनें थीं। बड़ी बहिन विधवा श्यामसुन्दरी सधवा होकर भी विधवा थी, क्योंकि उसकी शादी एक कुलीन व्यक्ति से हुई थी, जिसकी कई पत्नियाँ थीं।

यदि नवकुमार किसी और वक्त ऐसी किसी लड़की को विवाह कर घर लाये होते, तो उनके परिजन कहाँ तक खुश होते, कहना कठिन है, लेकिन बदली परिस्थिति में बात कुछ और थी। किसी को उनके लौटने की आशा नहीं थी। सहयात्रियों ने लौटकर बात उड़ा दी थी कि नवकुमार को शेर ने मार डाला। इतना ही नहीं, अपनी कल्पना-शक्ति से उन यात्रियों ने तो यहाँ तक कह दिया था कि नवकुमार को शेर द्वारा मारे जाते हुए उन्होंने अपनी आँखों से देखा है। इतना ही नहीं, शेर को लेकर वे वाद-विवाद भी करते। कोई कहता, "वह आठ हाथ लम्बा रहा होगा।" दूसरा कहता, "नहीं-नहीं, वह पूरा चौदह हाथ लम्बा था।" इस पर किसी ने कहा, "जो भी हो, मैं तो बाल-बाल बच गया। बाघ ने पहले मेरा पीछा किया था, लेकिन मैं भाग गया। बेचारा नवकुमार भाग न सका। यदि हिम्मत करके भागता, तो शायद मेरी तरह वह भी बच जाता!"

जब ये बातें नवकुमार की माँ तक पहुँचीं, तो बेचारी बहुत रोयी। एकमात्र बेटे की मौत की खबर से वह जीते-जी मर गयी। ऐसे समय जब नवकुमार एक स्त्री के साथ घर वापस लौटे, तो कौन पूछे कि वह किस जाति की थी और किसकी बेटी थी! खुशी के मारे लोग उससे पूछना भूल गये।

नवकुमार की माँ ने बहू का प्रेम से स्वागत किया। घरवालों का उसकी

पत्नी के प्रति प्रेम–व्यवहार देखकर नवकुमार को बहुत खुशी हुई। नवकुमार के मन में कितनी ही आशंकाएँ थीं इसीलिए उन्होंने अभी तक कपालकुण्डला से न कोई प्रेम की बात की थी, न ऐसा कोई विचार मन में पनपने दिया था। अब नवकुमार के मन में प्रेम का दुगुना संचार हुआ।

कपालकुण्डला का साथ मिलने से नवकुमार हमेशा प्रसन्न रहने लगे। उन्हें समूचा संसार सुन्दर दिखाई देने लगा। सच्चा प्रेम कर्कश को मधुर, असत्य को सत्य, पापी को पुण्यात्मा और अँधेरे को प्रकाशमय बना देता है।

और कपालकुण्डला, तनिक देखें, उसके मन की क्या दशा थी!

छठा परिच्छेद

सप्तग्राम कभी सम्पन्न नगरी थी। जलमार्ग का बहुत बड़ा व्यापारिक केन्द्र था, जहाँ दूर-दूर से व्यापारी आते थे। बांग्ला दसवीं-ग्यारहवीं सदी में इसका पतन शुरू हुआ, क्योंकि यहाँ से बहनेवाली नदी क्रमशः सूखने लगी; अतः बड़े-बड़े व्यापारी जहाजों को वहाँ पहुँचने में कठिनाई होने लगी। व्यापार नष्ट होने से सप्तग्राम का सब कुछ समाप्त हो गया। बंगीय एकादश शताब्दी में इसकी प्रतियोगिता में हुगली नदी बनकर खड़ी हो गयी। वहाँ पुर्तगालियों ने व्यापार शुरू कर दिया। वहाँ अभी तक अधिकारियों का निवास था, लेकिन अब नगर का रूप बदलकर गाँव का रूप धारण करने लगा।

सप्तग्राम के एक सूने हिस्से में नवकुमार का घर था। सप्तग्राम की गिरी हुई दशा के कारण लोगों का आना-जाना कम होता था। इसलिए सड़क झाड़-झंखाड़ से भर गयी थी। नवकुमार के घर के पीछे काफी बड़ा जंगल था। घर के सामने आधा कोस दूर एक नहर बहती थी, जो मकान को घेरती हुई पिछवाड़े के जंगल में चली जाती थी। उसका दोमंजिला मकान साधारण ईंटों का बना हुआ था, पर वह आज के मकानों जैसा ऊँचा नहीं था।

एक दिन उस मकान की छत पर दो युवतियाँ खड़ी थीं। शाम ढल रही थी। चारों ओर मनमोहक दृश्य था। जंगल से चिड़ियों के चहकने की आवाज आ रही थी। एक ओर नहर किसी रुपहली रेखा की भाँति बल खाती चली गयी थी। दूसरी ओर नगर के भवन अपना सिर ऊँचा किये कह रहे थे कि वसन्तप्रिय, सौन्दर्यप्रिय जनों का यहाँ निवास है। एक ओर बहुत दूर नावों से सजी हुई भागीरथी की धारा थी, जिसके चौड़े सीने पर उतरती साँझ का आवरण धीरे-धीरे गहराता जा रहा था।

छत पर खड़ी दो युवतियों में एक गोरी थी, जिसके चेहरे पर उसके

बाल बिखरे हुए थे। दूसरी युवती साँवली थी। उसका कद थोड़ा छोटा था, वैसा ही चेहरा भी था, जिसके घुँघराले बाल लटक रहे थे। उसकी आँखें बड़ी थीं और वे बन्द कली के समान लग रही थीं। वह साथ वाली युवती की लटें सुलझा रही थी। यह गोरी युवती कपालकुण्डला थी, दूसरी साँवली युवती उसकी ननद श्यामासुन्दरी थी।

श्यामासुन्दरी अपनी भाभी को कभी 'बहू', कभी 'बहिन' कभी 'मृणा' नाम से सम्बोधित कर रही थी। कपालकुण्डला नाम को घर के लोगों ने बदलकर 'मृणमयी' कर दिया था। वह उसे 'मृणा' कहती थी। हमलोग भी कभी-कभी कपालकुण्डला को मृणमयी नाम से पुकारेंगे।

श्यामा ने पूछा, "क्यों भाभी! तुम तपस्विनी ही रहोगी?"

मृणमयी ने उत्तर दिया, "क्यों, क्या मैं कोई तपस्या कर रही हूँ?"

श्यामासुन्दरी अपने दोनों हाथों से उसके केशों को सँवारते हुए बोली, "तुम अपने इन खुले बालों को गूँथोगी नहीं?"

मृण्यमयी ने मुसकराकर श्यामासुन्दरी के हाथ से अपने बालों को हटा लिया।

श्यामासुन्दरी ने फिर कहा, "अच्छा, मेरी एक इच्छा तो पूरी कर दो! एक बार हम गृहस्थों के घर की औरतों की भाँति शृंगार कर लो, आखिर कितने दिनों तक योगिनी बनी रहोगी?"

"जब इन ब्राह्मण-सन्तान के साथ भेंट नहीं हुई थी, उस समय तो मैं योगिनी ही थी।"

श्यामासुन्दरी बोली, "अब ऐसे न रहने पाओगी।"

"क्यों न रहने पाऊँगी?"

"इसलिए कि मैं तुम्हारे योग को तोड़ दूँगी। पारस पत्थर किसे कहते हैं, जानती हो?"

मृणमयी ने कहा, "नहीं।"

श्यामासुन्दरी बोली, "पारस पत्थर के स्पर्श से पत्थर भी सोना हो जाता है।"

मृणमयी बोली, "तो इससे क्या?"

श्यामासुन्दरी ने कहा, "औरत के पास भी पारस पत्थर होता है।"

मृण्यमयी ने पूछा, "कैसा पारस पत्थर?"

"पुरुष के रूप में। पुरुष की हवा से योगिनी भी गृहिणी हो जाती है। तूने उसी पारस-पत्थर को छुआ है!"

फिर वह एक गीत गाने लगी, जिसमें एक रसिक व्यक्ति अपनी प्रिया से कहता है कि मैं तुम्हारे बालों को सँवार दूँगा, तुम्हें अच्छे वस्त्र पहनाऊँगा, तुम्हारे जूड़े में फूल लगाऊँगा, माँग में सिन्दूर, गले में चन्द्रहार, कानों में बालियाँ, कुंकुम, चन्दन चूआ से सजाऊँगा, पान खिलाऊँगा, जिससे तुम्हारे ओठ लाल हो जाएँगे, तथा तुम्हारी गोद में एक सोने-जैसा बेटा दूँगा। देखता हूँ, तुम्हें अच्छा लगता है कि नहीं।

मृण्मयी बोली, "समझ लो कि पारस पत्थर मैं छू चुकी और सोना हो गयी। चोटी भी कर ली, गले में चन्द्रहार पहन लिया, चन्दन, कुंकुम, चोआ, पान, इत्र सब ले लिया, सोने की पुतली तक हो गयी। समझ लो, यह सब हो गया। लेकिन इतना सब होने से क्या सुख हुआ?"

"तो बताओ न कि फूल के खिलने से क्या सुख होता है?"

मृण्धमयी बोली, "लोगों को तो देखने का सुख होता है; लेकिन फूल का क्या?"

श्यामासुन्दरी गम्भीर हो गयी। सुबह की हवा से खिली कुमुदिनी की भाँति तैरती हुई बोली, "फूल का क्या, यह तो बता नहीं सकती, कभी फूल बनकर खिली नहीं। लेकिन तुम्हारी तरह कली होती, तो खिलकर अवश्य दुःख का अनुभव करती।"

मृण्मयी ने इस बात का कोई जवाब नहीं दिया।

श्यामासुन्दरी ने उसे मौन देखकर कहा, "अच्छा, यदि ऐसा न हो, तो बताओ तुम्हें किस बात का सुख महसूस हो रहा है?"

कुछ देर सोचकर मृण्मयी ने कहा, "कह नहीं सकती। शायद समुद्रतट पर, जंगलों में घूमने में मुझे सुख महसूस होता है।"

श्यामासुन्दरी को लगा कि उनकी इतनी देखभाल के बावजूद मृण्मयी प्रसन्न नहीं थी, इससे उसे थोड़ा बुरा लगा। उसने पूछा, "क्या अब लौट जाने का कोई उपाय है?"

"कोई उपाय नहीं!"

"तो अब क्या करोगी?"

"मेरी एक अभिभाविका पुजारिन कहती थीं–यथा नियोक्तोऽस्मि तथा करोमि!"

श्यामासुन्दरी को हँसी आ गयी। बोली, "बहुत खूब, महामहोपाध्यायाजी, अब क्या करने का इरादा है?"

मृण्मयी ने गहरी साँस लेकर कहा, "जो विधाता करेंगे, वही होगा। जो भाग्य में है भोगूँगी।"

"क्यों भाग्य में तो सुख है। तुम इतनी निराश क्यों हो?"

मृण्मयी बोली, "सुनो! अपने पति के साथ यहाँ आने के लिए निकलने के पूर्व देवी के चरणों में बेलपत्र चढ़ाने गयी थी। मैं बिना माता के पैर पर बेल-पत्र चढ़ाये कोई काम नहीं करती थी। कार्य यदि शुभजनक होता, तो माता अपने पैरों से पत्र गिराती नहीं थीं। अमंगल पर ही ऐसा होता था। उस बार देवी ने मेरा बेलपत्र धारण नहीं किया था। अतएव भाग्य में क्या है, कह नहीं सकती।"

मृण्मयी चुप हो गयी। श्यामासुन्दरी सिहर उठी।

तृतीय खण्ड

पहला परिच्छेद

नवकुमार से मिलने के बाद मोती बीबी बर्द्धमान की ओर रवाना हुई। उसका चरित्र कलंक से भरा था, परन्तु उसमें गुण भी था।

मोती बीबी के पिता पहले हिन्दू थे। जब उन्होंने हिन्दू धर्म छोड़कर मुस्लिम धर्म ग्रहण किया, तो मोती बीबी का हिन्दू नाम बदलकर लुत्फुन्निसा रख दिया गया। मोती बीबी नाम भी अचानक पड़ गया था, यह उनका असली नाम नहीं था। उनके पिता ढाका में आकर राजकार्य में नियुक्त हुए! लेकिन वहाँ अनेक अपने देश के लोग आते-जाते रहते थे। अपने देश में परिचितों के सामने विधर्मी होकर रहना अच्छा नहीं लगता। अतएव वे सपरिवार आगरा चले गये। अकबर बादशाह गुणियों का आदर करते थे। शीघ्र ही वे बादशाह की नजरों में आ गये और आगरे के विशिष्ट लोगों में गिने जाने लगे। उनकी बेटी लुत्फुन्निसा ने आगरा पहुँचकर फारसी, संस्कृत, नृत्य-गीत आदि में शिक्षा ग्रहण कर ली। राजधानी की सुन्दरियों और गुणवतियों में उसकी चर्चा होने लगी। दुर्भाग्यवश लुत्फुन्निसा जवान होने पर स्वेच्छाचारिता की ओर प्रवृत्त होने लगी। उसे जो अच्छा लगता, वही करती। अच्छा भी, बुरा भी, चूँकि उसकी बचपन में शादी हो चुकी थी और उसके पति जीवित थे, इसलिए नये सिरे से उसने शादी नहीं की, न किसी ने उससे करने चाहे। लुत्फुन्निसा भी अब किसी के दामन से बँधने को तैयार नहीं थी। उसके चरित्र को लेकर पहले कानाफूसी हुई, इसके बाद वह पूरी तरह से बदनाम हो गयी, लिहाजा उसे घर से निकलना पड़ा।

लुत्फुन्निसा के चाहनेवालों में युवराज सलीम भी थे। उसकी बदनामी कहीं बादशाह को नाराज न कर दे, इस कारण सलीमशाह ने लुत्फुन्निसा से

खुलकर प्रेम नहीं किया, न अपने महल में रखा। जब राजपूत-पति मानसिंह की बहिन सलीम की प्रधान बेगम बनी, तो युवराज ने लुत्फुन्निसा को अपनी बेगम की प्रधान अनुचरी बना दिया। अब लुत्फुन्निसा बेगम की सहेली भी बन गयी और परोक्ष रूप से युवराज की अंकशायिनी भी।

लुत्फुन्निसा जैसी बुद्धिमती महिला ने जल्दी ही युवराज के दिल में खास जगह बना ली। बाद में वह पटरानी बनने के सपने देखने लगी। लोग भी ऐसा ही सोचने लगे। लुत्फुन्निसा का जीवन इसी कल्पना में बीतने लगा। लेकिन इसी समय उसकी नींद टूटी। अकबर के कोषाध्यक्ष ख्वाजा अब्बास की बेटी मेहरुन्निसा के रूप के बड़े चर्चे थे। एक दिन कोषाध्यक्ष ने युवराज सलीम और अन्य उमरा को अपने घर दावत दी। उसी दिन सलीम की मुलाकात मेहर से हुई और उसी दिन सलीम ने भी मेहरुन्निसा को अपना दिल दे दिया। संयोग से मेहर की शादी शेर अफगन से हो गयी। इसके पीछे अकबर की चाल थी। मगर सलीम ने भी आशा नहीं छोड़ी। लुत्फुन्निसा, सलीप के मन को बेहतर समझती थी। वह समझ गयी कि शेर अफगन के जीवन की ख़ैरियत नहीं और अन्ततः मेहर ही सलीम की बेगम बनेगी। बुद्धिमान लुत्फुन्निसा ने अपने मन से बेगम होने की इच्छा निकाल दी।

एक दिन अकबर का निधन हो गया। जिस प्रचंड सूर्य की प्रभा तुर्की से लेकर ब्रह्मपुत्र तक जगमगा रही थी, उस सूर्य का अस्त हो गया। ऐसे समय लुत्फुन्निसा ने अपने महत्त्व को बनाये रखने के लिए एक दुःसाहसिक कार्य किया।

राजपूत राजा मानसिंह की बहिन सलीम की प्रधान बेगम थी। खुसरू उनके पुत्र थे। एक दिन उनके साथ बादशाह की बीमारी को लेकर चर्चा हो रही थी। बातों-बातों में लुत्फुन्निसा ने शीघ्र ही बादशाह अकबर की महिषी बनने की बधाई दी, जिसके जवाब में खुसरू की माँ ने कहा, "बादशाह की प्रधान बेगम होने से मनुष्य-जन्म सार्थक अवश्य होता है; लेकिन असल चीज है, जिसका बेटा बादशाह बने। बादशाह की माँ होने का सुख कुछ और होता है।" यह सुनते ही लुत्फुन्निसा ने भी अपनी चाल चलते हुए कहा, "आप भी ऐसा कर सकती हैं।"

बेगम ने पूछा, "कैसे?"

लुत्फुन्निसा ने जवाब दिया, "युवराज खुसरू को ही सिंहासन पर बिठा दीजिए।"

बेगम मौन रहीं। पति के बदले पुत्र सिंहासन पर बैठे, यह बेगम की इच्छा जरूर थी, लेकिन मेहरुन्निसा के प्रति सलीम का प्रेम जिस तरह लुत्फुन्निसा के दिल में काँटे-सा चुभता था, उसी तरह बेगम को भी चुभता था। मानसिंह की बहिन एक तुर्क की लड़की की आज्ञापालिका होकर कैसे रह सकती थी? लुत्फुन्निसा का भी इसमें गहरा स्वार्थ था। अगले दिन दोनों ने फिर से इस पर चर्चा की और षड्यन्त्र का ताना-बाना बुनने लगीं।

सलीम के बदले खुसरू को सिंहासन पर बैठाना कोई असम्भव बात न थी, इस बात को लुत्फुन्निसा ने बेगम को अच्छी तरह समझा दिया। उसने पूछा, "मुगल साम्राज्य राजपूतों के पराक्रम से मजबूत हुआ है और आज भी उन्हीं के भरोसे है। वही राजपूत-कुल-तिलक मानसिंह खुसरू के मामा हैं और प्रधान राजमन्त्री खान आजम खुसरू के ससुर हैं; इन दोनों लोगों का समर्थन मिले तो कौन विरोध करेगा? फिर किसके बल पर युवराज सिंहासन पर बैठे रह सकते हैं? राजा मानसिंह को राजी करना आपके ऊपर है। बाकी लोगों को अपने पक्ष में करने का भार मेरे ऊपर छोड़ दीजिए! लेकिन एक आशंका है कि कहीं सिंहासन पर बैठने के बाद खुसरू मुझे निकाल बाहर न कर दें!"

बेगम मतलब समझ गयीं। हँसकर बोलीं, "तुम आगरा में जिस उमरा की बेगम बनना चाहोगी, उसे तुम्हारा हाथ थामना ही पड़ेगा। तुम्हारा पति पंचहजारी मनसबदार होगा।"

लुत्फुन्निसा सन्तुष्ट हुई। यही उसका मतलब था। यदि राजमहल में मामूली औरत बनकर रहना है, तो फूलों को ग्रहण करने वाली भ्रमरी बनने से क्या लाभ हुआ? यदि आजादी ही छोड़नी पड़ती, तो बालसखी मेहरुन्निसा की दासी होने में ही क्या हर्ज था? इससे तो कहीं अधिक गौरव की बात थी कि किसी राजपूत के गृह की गृहस्वामिनी होकर बैठ जाती।

इस लोभ के अलावा लुत्फुन्निसा सलीम से अपनी उपेक्षा का बदला

भी लेना चाहती थी।

खान आजम तथा दिल्ली के अमीर-उमरा से लुत्फुन्निसा को काफी आशा थी। उसे विश्वास था कि खान आजम अपने दामाद के लिए प्रयत्न करेंगे। उमरा वगैरह राजी हो गये। खान आजम ने लुत्फुन्निसा से कहा, "मान लो, यदि हमलोग सफल न हुए तो हमलोगों को अपने बचाव की भी कोई तरकीब ढूँढनी होगी।"

लुत्फुन्निसा ने कहा, "आपकी क्या राय है?"

खान ने कहा, "उड़ीसा के अलावा और कोई उपाय नहीं है। केवल वहीं पर मुगल कमजोर हैं। उड़ीसा की सेना हमारे साथ रहे, यह जरूरी है। तुम्हारे भाई उड़ीसा के मनसबदार हैं। मैं कल प्रचार करूँगा कि वह युद्ध में घायल हो गये हैं। तुम उन्हें देखने के बहाने से कल ही उड़ीसा के लिए चल पड़ो और वहाँ का कार्य समाप्त कर तुरन्त वापस आ जाओ!"

लुत्फुन्निसा राज़ी हो गयी। नवकुमार से भेंट के वक्त वह इसी अभियान से वापस लौट रही थी।

दूसरा परिच्छेद

जिस दिन नवकुमार को विदा कर मोती बीबी या लुत्फुन्निसा ने बर्द्धमान की यात्रा की, उस दिन वह रास्ते में एक सराय में रुकी। शाम के वक्त वह आराम से पेशमन से बातें करने लगी। उस समय सहसा मोती बीबी ने पेशमन से पूछा, ''पेशमन! तुम्हें मेरे पति कैसे लगे?''

पेशमन ने चौंककर कहा, ''मैं समझी नहीं।''

मोती बोली, ''मैं पूछ रही हूँ वे सुन्दर थे या नहीं?''

नवकुमार के प्रति पेशमन कुछ चिढ़ी हुई थी, क्योंकि जो गहने, मोती ने कपालकुण्डला को दे दिये थे, उनके प्रति पेशमन का विशेष लोभ था। मन-ही-मन उसने सोचा था कि एक दिन वह लुत्फुन्निसा से वे गहने माँग लेगी। उस बेचारी की वह आशा मिट्टी में मिल गयी। अतः कपालकुण्डला और उसके पति, दोनों के प्रति वह कुढ़ी हुई थी। अतएव जवाब दिया, ''गरीब ब्राह्मण सुन्दर क्या और कुरूप क्या!''

उसके मन का भाव समझकर मोती हँसने लगी, ''अगर गरीब को उमरा बना दिया जाए तो?''

''मैं समझी नहीं।''

मोती बोली, ''क्या तुमने यह नहीं सुना कि बेगम ने कहा था कि यदि खुसरू बादशाह बन गये, तो मेरा पति उमरा होगा?''

''लेकिन तुम्हारे पूर्व पति कैसे होंगे?''

मोती ने पूछा, ''तब कौन होगा?''

पेशमन ने कहा, ''जो नये होंगे।''

मोती ने मुसकराकर कहा, ''न हों मेरी ज़ैसी सती-सावित्री के दो-दो

पति, ठीक नहीं है न! अरे देख तो यह कौन जा रहा है?''

उस आदमी को पेशमन तुरन्त पहचान गयी–वह आगरा का रहनेवाला, खान आजम का आदमी था। पेशमन ने उसे बुलाया। उस व्यक्ति ने आकर लुत्फुन्निसा को कोर्निश कर एक पत्र दिया और बोला, ''बहुत ही जरूरी खत है।''

पत्र पढ़ते ही मोती बीबी की सारी आशाएँ मिट्टी में मिल गयीं।

पत्र इस प्रकार था–''हम लोगों की कोशिश बेकार हो गयी है। मरते-मरते अकबर हमलोगों को अपनी बुद्धि से मात दे गये। उनके आदेशानुसार युवराज सलीम अब जहाँगीरशाह हो गये हैं। अब तुम खुसरू के लिए परेशान मत होना। दुश्मनी लेने से बेहतर है, तुम तुरन्त आगरा आ जाओ।''

अकबर बादशाह ने षड्यंत्र को किस तरह विफल किया, यह सभी इतिहास पढ़नेवाले जानते हैं इसलिए उपन्यास में इसका विवरण देना अनावश्यक है।

पुरस्कार देकर दूत को विदा करने के बाद मोती ने वह पत्र पेशमन को पढ़कर सुनाया। पेशमन बोली, ''यह तो सोचनेवाली बात है।''

मोती चुप रही।

कुछ सोचते हुए पेशमन बोली, ''अच्छा, हर्ज ही क्या है। जैसी थी, वैसी ही रहोगी। मुगल बादशाह की रखैल भी किसी दूसरे राज्य की पटरानी की अपेक्षा बड़ी होती है।''

मोती बोली, ''यह नहीं हो सकता! मैं अब उस राजमहल में नहीं रह सकती। शीघ्र ही मेहर के साथ जहाँगीर की शादी होगी। मेहरुन्निसा को मैं बचपन से अच्छी तरह जानती हूँ। बेगम बन जाने पर वही बादशाहत करेगी, जहाँगीर तो नाममात्र के रहेंगे। मेरा विरोध किसी से छिपा नहीं है। मैं तो मारी जाऊँगी।''

पेशमन ने रुआँसी होकर कहा, ''तो अब क्या होगा?''

मोती बोली, ''एक उम्मीद है? अगर मेहरुन्निसा अभी भी शेर अफगन से प्रेम करती होगी, तो उसके मरवाने के बाद भी वह कभी जहाँगीर से शादी नहीं करेगी। आगे उसका विचार बदल जाए तो बात और है।''

"मगर उसके दिल की बात का कैसे पता चलेगा?"

मोती ने हँसकर कहा, "लुत्फुन्निसा क्या नहीं कर सकती! मेहर को मैं बचपन से जानती हूँ। मैं बर्द्धमान जाकर उससे मिल आती हूँ।"

"यदि मेहरुन्निसा बादशाह की अनुरागिनी न हो, तो क्या करोगी?"

मोती बोली, "पिताजी कहा करते थे–क्षेत्रे कर्म विधीयते!"

अचानक उसके ओठों पर मुस्कराहट आयी। पेशमन ने पूछा, "कोई खास बात है?"

मोती ने कहा, "मेरे मन में एक विचार आया है।"

"कैसा विचार?"

मोती ने इसे रहस्य ही रखा।

तीसरा परिच्छेद

बंगाल की सूबेदारी के सिलसिले में शेर अफगन इस समय बर्द्धमान में रहते थे। मोती बीबी बर्द्धमान में आकर शेर अफगन के महल में उतरी। शेर अफगन ने उसकी बड़ी खातिरदारी की। जब शेर अफगन और उसकी स्त्री मेहरुन्निसा आगरे में रहते थे, तो उनका मोती बीबी से काफी परिचय था। मेहरुन्निसा तो उसकी बचपन की सहेली थी। बाद में दोनों ही सत्ता के लिए प्रतियोगिनी हुईं। इस समय दोनों यही सोच रही थीं। मेहरुन्निसा सोच रही थी– 'देखें भारतवर्ष का सिंहासन, विधाता ने किसके भाग्य में लिखा है? इस बारे में विधाता और सलीम के अलावा यदि कोई और जानती होगी, तो यह लुत्फुन्निसा है। देखें, वह इस बारे में कुछ बताती है या नहीं!'

मोती बीबी भी मेहर का हृदय टटोलने ही आयी थी।

मेहरुन्निसा के गुण और सौन्दर्य के उन दिनों काफी चर्चे थे। इतिहासकारों ने भी उसकी चर्चा अद्वितीय सुन्दरी के रूप में की है। गुणों में वह पुरुषों को भी मात देती थी। नृत्य-गीत, कविता लिखने और चित्र बनाने में वह कुशल थी। उसकी बातें भी लुभावनी होती थीं। मोती बीबी भी इन गुणों में उससे क़तई कम नहीं थी। आज वे दोनों तगड़ी प्रतिद्वन्द्विनियाँ एक-दूसरे के मन की थाह लेने बैठी थीं।

मेहरुन्निसा अपने कमरे में बैठी तस्वीर बना रही थी। मोती उस तस्वीर को देखती हुई पान चबा रही थी। मेहरुन्निसा ने पूछा, "तस्वीर कैसी लग रही है?"

मोती बीबी ने उत्तर दिया, "कमाल है। मगर दुःख यही है कि कोई और तुम्हारी बराबरी का कलाकार नहीं है।"

"अगर यही बात हो, तो इसमें दु:ख किस बात का है?"

"तुम्हारी बराबरी का यदि कोई होता, तो तुम्हारी इस खूबसूरती को रच सकता।"

"क्या क़ब्र में चेहरे की खूबसूरती रहेगी?"

मोती ने पूछा, "बहिन! आज तुम कुछ उदास लग रही हो।"

मेहरुन्निसा बोली, "नहीं, उदास तो नहीं हूँ। फिर भी, कल सुबह तुम चली जाओगी, इसी का दु:ख है। तुम कुछ दिन और नहीं रुक सकतीं?"

"यदि वश चलता तो मैं क्यों जाती? यहाँ मुझे भी अच्छा लगता है। लेकिन क्या करूँ विवशता है।"

मेहरुन्निसा बोली, "मुझ पर तुम्हारा वह प्रेम नहीं रहा। यदि रहता तो तुम अवश्य रह जातीं! आयी हो तो रह क्यों नहीं सकतीं?"

मोती, "मैं तो तुमसे सब कह चुकी हूँ। मेरा छोटा भाई मुगल सेना में मनसबदार है। वह उड़ीसा के पठानों से युद्ध में घायल हो गया है। मैं वही खबर पाकर बेगम से छुट्टी लेकर आयी थी। उड़ीसा में बहुत दिन लग गये; अब अधिक देर करना उचित नहीं। तुमसे बहुत दिनों से मुलाकात नहीं हुई थी, इसलिए जाते हुए यहाँ दो दिन के लिए ठहर गयी।"

मेहरुन्निसा ने पूछा, "बेगम के पास क्या पहुँचने का दिन तय कर आयी हो?"

मोती बीबी समझ गयी कि मेहर व्यंग्य कर रही है। उसने जवाब दिया, "भला तीन महीने की यात्रा में तय किया जा सकता है? लेकिन देर काफी हो जाने से अब विलम्ब ठीक नहीं। नहीं तो वहाँ बुरा लगेगा।"

मेहर ने हँसते हुए पूछा, "किसे बुरा लगेगा–युवराज को या उनकी बेगम को?"

मोती बीबी कुछ असहज होकर बोली, "इस बेशर्म को क्यों लजाती हो? बुरा तो दोनों को ही लगेगा।"

मेहरुन्निसा ने पूछा, "तुम खुद क्यों नहीं बेगम बन जातीं? सुना था सलीम भी चाहते थे, उसमें परेशानी क्या है?"

मोती बोली, "मैं आजाद खयालों की हूँ। अपनी आजादी क्यों नष्ट करूँ? सलीम की बेगम बन जाती तो क्या इस तरह उड़ीसा आ सकती थी?"

"जो दिल्लीश्वर की खास बेगम होगी, उसे उड़ीसा आने की भला जरूरत क्या होगी?"

"सलीम की खास बेगम बनने की ख़्वाहिश तो मैंने कभी नहीं की। दिल्ली के बादशाह की मलिका होने लायक़ तो एक तुम ही हो।"

मेहरुन्निसा ने सिर झुका लिया। कुछ देर मौन के बाद वह बोली, "बहिन! मैं नहीं जानती कि यह बात तुमने मुझे दुःख पहुँचाने के लिए कही या मेरी थाह लेने के लिए। लेकिन तुमसे मेरी विनती है कि मैं शेर अफगन की बीवी हूँ–उन्हें चाहती हूँ। तुम भूलकर भी ऐसी बात मत करो!"

मोती कुछ और उगलवाने के लिए थोड़ी बेहयाई से बोली, "तुम्हें मैं अच्छी तरह जानती हूँ और तुम्हारी इस चाह को भी। इसीलिए तो तुमसे यह बात मैंने कही है! सलीम अभी भी तुम्हारे खयालों में डूबे रहते हैं। जरा सावधान रहना!"

"लेकिन सावधान रहने की क्या बात है?"

मोती बीबी जरा इधर-उधर देखकर बोली, "कहीं तुम विधवा न हो जाओ।"

यह कहकर मोती मेहरुन्निसा के चेहरे के भावों को देखने लगी, पर चतुर मेहरुन्निसा ने कोई भाव उभरने नहीं दिया। वह बड़े घमंड से बोली, "विधवा! शेर अफगन को क्या मामूली समझती हो? फिर अकबर बादशाह तो बड़े न्यायप्रिय हैं, वे ऐसा नहीं होने देंगे।"

"यह ठीक बात है, लेकिन आगरा के ताजा समाचारों से पता चला है कि अकबर बादशाह की मृत्यु हो गयी है। सलीम बादशाह बन गये हैं। अब उन्हें कौन रोकेगा?"

मेहरुन्निसा का समूचा शरीर सिहर उठा। उसने अपना सिर झुका लिया। वह रोने लगी।

मोती बीबी ने पूछा, "रोती क्यों हो?"

मेहरुन्निसा आह भरकर बोली, "सलीम हिन्दोस्तान के बादशाह बन गये। लेकिन मैं कहीं की नहीं रही।"

मोती बीबी उसके दिल की बात समझ गयी। उसने कहा, "आज भी तुम युवराज को भूली नहीं हो।"

मेहरुन्निसा ने भावुक होकर कहा, "मैं युवराज को नहीं भूल सकती! लेकिन सुनो बहिन! तुम्हें मेरे बारे में सब पता है। तुम्हें मेरी कसम है, यह बात राज ही रहे।"

मोती बोली, "राज ही रहेगा। लेकिन सलीम जब तुम्हारे बारे में पूछेंगे तो मैं उनसे क्या कहूँगी?"

मेहरुन्निसा कुछ सोचकर बोली, "यही कहना कि जरूरत पड़ने पर मैं उनके लिए जान भी दे सकती हूँ। लेकिन मुझे अपना खानदान और अपनी इज्जत प्यारी है। पति के जीवन काल तक मैं पति की दासी रहूँगी और अगर दिल्ली के बादशाह ने उन्हें जान से मरवाया तो भी मैं पति के हत्यारे से शादी नहीं करूँगी।"

मेहरुन्निसा खड़ी हो गयी। मोती बीबी चकित रह गयी। मोती बीबी जो चाहती थी, उसने हासिल कर लिया, पर उसने अपने दिल की बात मेहर को नहीं बतायी। मेहरुन्निसा चतुराई में मोती बीबी के सामने पराजित हुई।

मोती बीबी को अपनी सारी आशा व्यर्थ जाती दिखी, पर दुखी होने के बदले उसने कुछ सन्तोष ही अनुभव किया। वह खुद भी इसका कारण समझ नहीं सकी। वह आगरा के लिए रवाना हो गयी।

चौथा परिच्छेद

मोती बीबी आगरा पहुँची। वह जहाँगीर से मिली। जहाँगीर ने उसका स्वागत करते हुए इधर-उधर की बातों के बाद पूछा, "मेहरुन्निसा के पास दो दिन तुम ठहरी थीं। वह कैसी है? मेरे बारे में भी कुछ बात हुई?" लुत्फुन्निसा ने मेहरुन्निसा के प्रेम का बयान कर दिया। बादशाह ने सुनकर एक आह भरी। उनकी आँखें भर आयीं।

लुत्फुन्निसा बोली, "जहाँपनाह! इस दासी ने ऐसा शुभ संवाद दिया। क्या मुझे कोई पुरस्कार नहीं मिलेगा?"

बादशाह बोले, "बीबी! तुम बहुत चतुर हो।"

लुत्फुन्निसा बोली, "जहाँपनाह! इस दासी का कुसूर क्या है?"

"तुमने दिल्ली के बादशाह को गुलाम बना लिया है, इससे बड़ा पुरस्कार क्या होगा?"

लुत्फुन्निसा ने हँसकर कहा, "स्त्रियों का मन कभी नहीं भरता।"

बादशाह ने पूछा, "अब क्या चाहती हो?"

"पहले हुक्म हो कि बाँदी की अर्जी सुनी जाएगी।"

बादशाह ने कहा, "अगर हुकूमत पर उसका असर न पड़ता हो!"

"यह बाँदी हुकूमत में क्यों दख़लन्दाज़ी देगी?"

"तो बोलो, कौन-सी बात है?"

लुत्फुन्निसा ने कहा, "अब मैं शादी करना चाहती हूँ।"

जहाँगीर हँस पड़े; बोले, "वाकई बात तो पते की है। रिश्ता तय हो गया?"

लुत्फुन्निसा ने कहा, "जी हाँ, सिर्फ शाही फरमान की देर है। बिना

हुजूर के हुक्म के कुछ भी नहीं हो सकता।''

''इसमें मेरे हुक्म की क्या जरूरत है? किस भाग्यशाली को यह खुशी दे रही हो?''

''दासी ने दिल्लीश्वर की सेवा की है, इसलिए वह किसी और की नहीं हो सकती। मैं अपने मालिक के साथ ही शादी करना चाहती हूँ।''

''लेकिन इस पुराने गुलाम का क्या होगा?''

''मैं आपके लिए दिल्लीश्वरी मेहरुन्निसा सौंप जाऊँगी।''

बादशाह ने कुतूहल से पूछा, ''दिल्लीश्वरी मेहरुन्निसा कौन?''

लुत्फुन्निसा बोली, ''जो बनेगी।''

जहाँगीर मन-ही-मन समझ गये कि मेहरुन्निसा मेरी मलिका बनेगी, लुत्फुन्निसा ऐसा ही सोचती है। अतएव वह यहाँ से हताशा में चली जाना चाहती है।

यह सोचकर जहाँगीर भी दुखी हुए। वे कुछ नहीं बोले। लुत्फुन्निसा ने पूछा, ''शहंशाह की क्या ऐसी मर्जी नहीं है?''

''ऐसी बात नहीं है; लेकिन अपने मालिक से फिर विवाह करने की तुम्हें क्या जरूरत है?''

लुत्फुन्निसा बोली, ''तकदीर से पहले विवाह के पति ने मुझे पत्नी रूप में ग्रहण किया है तो क्या जहाँपनाह इस दासी का त्याग न करेंगे?''

बादशाह पहले हँसे फिर गम्भीर हो गये। बोले, ''दिलजान! कोई चीज ऐसी नहीं है जो मैं तुम्हें न दे सकूँ। अगर तुम्हारी ऐसी ही मर्जी है तो वही करो! लेकिन मुझे क्यों छोड़कर जा रही हो? क्या एक ही आसमान में चाँद और सूरज दोनों नहीं रहते? एक डाली में दो फूल नहीं खिलते?''

लुत्फुन्निसा हैरत से बादशाह को देखने लगी। बोली, ''हुजूर! छोटे-छोटे फूल जरूर खिलते हैं, लेकिन एक सरोवर में दो कमल कभी नहीं खिलते। हुजूर के शाही तख्त का काँटा बनकर क्यों रहूँ?''

यह कहकर लुत्फुन्निसा विदा लेकर अपने महल में चली गयी। उसने ऐसा क्यों किया, इसे न उसने जहाँगीर को बताया और न जहाँगीर ही उसके मन की थाह ले सके।

लेकिन बात इतनी सहज नहीं थी।

पाँचवाँ परिच्छेद

लुत्फुन्निसा अपने महल में पहुँचकर बड़ी खुश थी। कपड़े बदलकर उसने पेशमन को बुलाया। अपनी सोने-मोती जड़ी पोशाक उसके सामने रखकर बोली, "इसे तुम ले लो।"

पेशमन चौंक गयी। वह पोशाक बहुत ही कीमती और नयी थी। उसने पूछा, "ऐसी क्या बात हो गयी?"

लुत्फुन्निसा बोली, "एक अच्छी खबर है।"

पेशमन ने पूछा, "क्या मेहरुन्निसा का खतरा दूर हो गया?"

लुत्फुन्निसा बोली, "अब उस बारे में कोई चिन्ता नहीं है।"

पेशमन ने खुश होकर पूछा, "तो क्या अब मैं मलिका की दासी बन गयी?"

"तुम अगर मलिका की दासी होना चाहती हो, तो मैं मेहरुन्निसा से सिफारिश कर दूँगी।"

पेशमन चौंकी–"यह क्या? आपने ही तो कहा कि मेहरुन्निसा के मलिका बनने की अब कोई उम्मीद नहीं है।"

"मैंने सिर्फ इतना कहा कि इस विषय में अब मुझे कोई चिन्ता नहीं है।"

"क्यों नहीं है? यदि आप आगरा की एकमात्र अधीश्वरी न हुईं, तो सब व्यर्थ है।"

"आगरा से मैं अब कोई रिश्ता न रखूँगी।"

"मेरी समझ में तो कुछ नहीं आता। तो अच्छी खबर क्या हुई?"

"यही है कि हमेशा के लिए आगरा छोड़कर अब मैं जा रही हूँ।"

"कहाँ जाएँगी?"

"बंगाल में। हो सका तो किसी भले आदमी के घर की बहू बनकर जाऊँगी।"

पेशमन बोली, "मेरा कलेजा काँप रहा है। कहीं यह मजाक तो नहीं?"

लुत्फुन्निसा गम्भीर होकर बोली, "नहीं, मैं सचमुच आगरा छोड़कर जा रही हूँ। बादशाह से विदा ले आयी हूँ।"

"ऐसा खयाल कैसे आया?"

लुत्फुन्निसा बोली, "मैं बहुत दिनों तक आगरा में रही, क्या नतीजा हुआ? बचपन से ही मैं खूब सुख चाहती थी। उसी की तलाश में बंगाल से यहाँ आयी थी। इस रत्न को खरीदने के लिए कौन-सा मूल्य मैंने नहीं चुकाया? कौन-सा गलत काम मैंने नहीं किया? और जिस उद्देश्य के लिए यह सब किया, उसमें सब मिला भी। हर चीज का मैंने खूब सुख लिया; लेकिन इतना पाकर भी क्या हुआ? अब लगता है, एक क्षण के लिए भी मैं सुखी न हो सकी। मेरी प्यास दिन-पर-दिन बढ़ती गयी। अब चाहूँ तो और ऐश्वर्य प्राप्त कर सकती हूँ; लेकिन किसलिए? सुख की ऐसी इच्छा पहाड़ी नदी की तरह है–पहले एक निर्मल पतली धारा जंगल से बाहर होती है, अपने गर्भ में आप ही छिपी रहती है, कोई जानता भी नहीं, अपने में ही मगन रहती है, फिर जितना आगे बढ़ती है, उतनी ही बढ़ती तो है, लेकिन उतनी ही गन्दी भी होती जाती है। उसमें हिंसक जीवों का निवास हो जाता है। धीरे-धीरे जल गँदला होता जाता है। मिठास खत्म हो जाती है। उसमें रेत भरने लगती है। गति धीमी पड़ जाती है। इसके बाद वह बृहत् गन्दा रूप सागर में जाकर क्यों समा जाता है, कोई नहीं जानता।"

पेशमन ने कहा, "मैं यह सब तो कुछ भी नहीं समझ पा रही हूँ। लेकिन इन सबसे क्यों मन उचट गया?"

"इतने दिनों की बात अब समझ सकी हूँ। तीन वर्षों तक शाही महल की छाया में बैठकर जो सुख प्राप्त नहीं हुआ, उड़ीसा से लौटते समय, बाद में एक रात में ही वह सुख मिला। मेरी समझ में आ गया।"

पेशमन ने पूछा, "क्या?"

लुत्फुन्निसा बोली, "मैं इतने दिनों तक देवताओं की तरह रही–नाना स्वर्ण और रत्न आदि से सजी हुई लेकिन भीतर से पत्थर। अब एक बार देखना है, शायद पत्थर के अन्दर से कोई धार निकल आये।"

"मेरी समझ में कुछ भी नहीं आ रहा है।"

लुत्फुन्निसा ने पूछा, "मैंने इस आगरा में कभी किसी से प्रेम किया है?"

"किसी से भी नहीं!"

"तो फिर मैं पत्थर नहीं तो क्या हूँ?"

"तो अब प्रेम क्यों नहीं करतीं?"

लुत्फुन्निसा बोली, "इसलिए ही तो आगरा छोड़कर जा रही हूँ।"

पेशमन ने पूछा, "क्या आगरा में लोग नहीं हैं, जो दूसरे देश जाओगी? अब जो तुमसे प्रेम कर रहे हैं, उन्हें तुम भी प्रेम क्यों नहीं करतीं? रूप में, धन में, ऐश्वर्य में–चाहे जिसमें कहें इस समय दिल्ली के बादशाह से बढ़कर और कौन है!"

लुत्फुन्निसा ने पूछा, "आसमान में चाँद–सूरज के रहते जल नीचे क्यों बहता है?'

"क्यों?"

"तकदीर।"

लुत्फुन्निसा अपने दिल की बात छिपा गयी।

एक आँच की ताप से पत्थर पिघल रहा था।

छठा परिच्छेद

खेत में बीज बो देने पर वह आप ही अंकुरित हो जाता है, इस प्रक्रिया को कोई नहीं जान पाता। लेकिन एक बार बीज के बो देने पर बोनेवाला चाहे कहीं भी रहे, वह अंकुर बढ़कर ऊँचा वृक्ष बन जाता है। वह वृक्ष अपनी छाया में दूसरे वृक्षों को नष्ट करता है, फिर एक दिन खेत में वही रह जाता है।

लुत्फुन्निसा का प्रेम इसी तरह बढ़ा था। पहले एक दिन अचानक अपने प्रेमी पति से भेंट हुई; उस समय खास कोई भावना नजर नहीं आयी। लेकिन अंकुरण तभी हो गया। इसके बाद फिर मुलाकात न हुई; लेकिन बिना मुलाकात हुए ही बारम्बार वह चेहरा हृदय में खिलने लगा। प्रेमभावना बढ़ने लगी। मन की यही प्रकृति होती है–मन जितना याद करता है, उस कर्म में उतनी ही अधिक प्रवृत्ति बढ़ती जाती है। लुत्फुन्निसा के मन में वही चेहरा घूमने लगा। उसे देखने की चाह पैदा हो गयी। दिल्ली की सिंहासनलिप्सा भी उसके आगे तुच्छ जान पड़ी। वह आग–सी जलने लगी। अपना सारा राज–वैभव छोड़कर वह प्रिय–मिलन के लिए दौड़ पड़ी।

इसीलिए मेहरुन्निसा की मलिका बनने की आशा से लुत्फुन्निसा दुखी नहीं हुई थी। इसीलिए आगरा पहुँचकर उसने हमेशा के लिए बादशाह से विदा ले ली।

लुत्फुन्निसा सप्तग्राम में चली आयी। मुख्यमार्ग के करीब नगर के बीचोबीच एक कोठी में उसने अपना डेरा डाला। लोगों ने देखा कि एकाएक वह कोठी जरदोजी और किमखाब की पोशाकों से सजे दास–दासियों से भर गयी। कमरा चमक रहा था। गुलाब, खस, केशर, आदि से कोठी महकने

लगी थी। महँगी सजावट ने उसकी शोभा दुगुनी कर दी थी।

एक दिन ऐसे ही एक सजे हुए कमरे में लुत्फुन्निसा के पास नवकुमार बैठे हुए थे। सप्तग्राम में इसके पहले भी लुत्फुन्निसा से नवकुमार की दो-एक बार और मुलाकात हुई थी।

कुछ देर के मौन के बाद नवकुमार ने कहा, "अब मैं जाता हूँ। अब तुम मुझे न बुलाना!"

लुत्फुन्निसा बोली, "थोड़ा और ठहरो! मुझे अपनी बात पूरी कर लेने दो।"

नवकुमार ने थोड़ी देर और प्रतीक्षा की; लेकिन लुत्फुन्निसा चुप ही रही। थोड़ी देर बाद नवकुमार ने फिर पूछा, "तुम्हें क्या कहना है?"

लुत्फुन्निसा ने कोई जवाब नहीं दिया। वह चुपचाप आँसू बहा रही थी।

नवकुमार उठकर खड़े हो गये। लुत्फुन्निसा ने उनका वस्त्र पकड़ लिया। नवकुमार ने कुछ खीजकर कहा, "तुम चाहती क्या हो?"

लुत्फुन्निसा बोली, "तुम क्या चाहते हो? क्या कोई भी सुख तुम्हें नहीं चाहिए? धन, सम्पदा, मान, प्रणय, राग-रंग-पृथ्वी में जिन-जिन चीजों को सुख कह सकते हैं, मैं तुम्हें सब दूँगी; उसके बदले में कुछ भी नहीं चाहती। तुम्हारी धर्मपत्नी बनने का गौरव भी मुझे नहीं चाहिए, सिर्फ दासी बनकर रहना चाहती हूँ।"

नवकुमार ने कहा, "मैं एक दरिद्र ब्राह्मण हूँ, इस जनम में वही रहूँगा। तुम्हारी सम्पत्ति को लेकर मैं एक मुगलानी का प्रेमी नहीं बन सकता।"

नवकुमार को अभी तक इस बात का पता नहीं था कि वही उनकी पत्नी थी। लुत्फुन्निसा का सिर झुका रह गया। नवकुमार ने झटके से अपना कपड़ा खींच लिया। लुत्फुन्निसा फिर से उनका वस्त्र पकड़कर बोली, "प्रभु की यदि ऐसी इच्छा है, तो अपने मन को समझा लूँगी। मैं कुछ नहीं चाहती, केवल जब तुम इस राह से जाना, दासी जानकर एक बार दर्शन जरूर दे दिया करना। तुम्हें देख लूँगी, तब भी मुझे चैन मिल जाएगा।"

"तुम मुसलमान हो, परायी औरत हो, तुम्हारे साथ इस तरह बात करने से भी मुझे पाप लगेगा। मैं तुमसे मिल नहीं सकता।"

लुत्फुन्निसा के हृदय में कोई आँधी चल रही थी। पर बाहर से वह

खामोश रही। उसने नवकुमार का वस्त्र छोड़ दिया; बोली, "ठीक है, जाओ!"

नवकुमार जैसे दो-चार कदम बढ़े थे कि वायु द्वारा उखाड़कर फेंकी गयी लता की भाँति लुत्फुन्निसा एकाएक उनके पैरों पर आ गिरी। उनके पैरों को अपनी बाँहों से घेरकर बड़े ही कातर स्वर में उसने कहा, "मैं तुम्हारे लिए आगरा का शाही तख्त छोड़कर आयी हूँ। तुम इस तरह मेरा त्याग न करो!"

नवकुमार बोले, "तुम फिर से आगरा लौट जाओ। मेरी आशा छोड़ दो!"

तीर की तरह उठकर खड़ी हो, दर्प से लुत्फुन्निसा बोली, "इस जन्म में तुम्हारी आशा मैं नहीं त्याग सकती।" वह एक हंसिनी की तरह गर्दन ऊँची किये खड़ी रही। जो कभी हिन्दुस्तान की सत्ता से भी नहीं डरी, वही शक्ति फिर से उसमें कौंध गयी। उसका ललाट दमकने लगा और आँखें समुद्र-जल में पड़नेवाली सूर्य-किरणों की भाँति झिलमिला उठीं। उसके नथुने काँपने लगे। लहरों पर नाचनेवाली राजहंसनी गतिरोध करनेवाले को जैसे देखती है, कोई आहत नागिन जैसे फन उठाकर खड़ी होती है, वैसे ही वह उन्मादिनी स्त्री अपना सिर ऊँचा किये खड़ी नवकुमार को देखती हुई बोली, "इस जन्म में नहीं! तुम्हें मेरा होना ही पड़ेगा।"

उस रूप को देखकर नवकुमार सहम गये। लुत्फुन्निसा का सौन्दर्य इस समय दुगुना हो गया था। सौन्दर्य के इस तेज को देखकर नवकुमार डर गये। तभी नवकुमार को अचानक एक चेहरा याद आया।

एक दिन नवकुमार ने अपनी प्रथम पत्नी पद्मावती से खीजकर उसे अपने कमरे से निकलने के लिए कहा था। बारह वर्षीया बालिका उस समय जिस दर्प से उनकी तरफ मुड़कर खड़ी हुई थी, ठीक उसी तरह उसके नेत्र चमक उठे थे, ललाट पर ऐसी ही रेखाएँ खिंच गयी थीं, नासारन्ध्र इसी प्रकार काँपे थे। बहुत दिनों से उस चेहरे का विचार उन्हें नहीं आया था। अब कुछ वैसी ही समानता दिखाई दी। धीमे स्वर में नवकुमार ने पूछा, "तुम कौन हो?"

उसकी आँखें और बड़ी-बड़ी हो गयीं। उसने कहा, "मैं वही हूँ-पद्मावती!"

यह कहकर लुत्फुन्निसा दूसरे कमरे में चली गयी। नवकुमार भी अनमने से अपने घर लौट आये।

सातवाँ परिच्छेद

दूसरे कमरे में जाकर लुत्फुन्निसा ने अपना दरवाज़ा बन्द कर लिया। वह दो दिनों तक उस कमरे से बाहर नहीं निकली। इस बीच उसने आगे की राह सोच ली। शाम के समय लुत्फुन्निसा पेशमन की सहायता से अपना श्रृंगार करने लगी। उसकी वेशभूषा चौंकानेवाली थी। अपने को आईने में देखकर उसने पूछा, "क्यों पेशमन! मैं पहचानी जा सकती हूँ?"

पेशमन बोली, "कोई नहीं पहचान सकता।"

"ठीक, मैं जा रही हूँ। अकेली ही।"

पेशमन कुछ संकोच से बोली, "कसूर माफ़ हो तो एक बात पूछूँ?"

लुत्फुन्निसा ने कहा, "क्या?"

पेशमन ने कहा, "आप चाहती क्या हैं?"

लुत्फुन्निसा बोली, "कपालकुण्डला का उसके पति से चिरविच्छेद हो जाए। तभी मेरे पति मुझे मिल पाएँगे।"

"जरा सोच लीजिए, रात के वक्त घने जंगल में आप अकेली रहेंगी?"

लुत्फुन्निसा ने जवाब नहीं दिया। वह नवकुमार के घर की ओर चल पड़ी। वहाँ पहुँचते-पहुँचते रात हो गयी। नवकुमार के घर के पास घना जंगल था। उसी के किनारे पहुँचकर वह एक पेड़ के नीचे बैठ गयी और जिस काम के उत्साह में वह निकल पड़ी थी उसके बारे में सोचने लगी। अब घटनाएँ उसे उसके अनुकूल लग रही थीं।

लुत्फुन्निसा जहाँ बैठी थी, वहाँ से उसे कोई निरन्तर मन्त्रोच्चारित

होनेवाला कंठस्वर सुनाई पड़ा। उसने उठकर चारों तरफ देखा, एक रोशनी जलती दिखाई दी। लुत्फुन्निसा बड़ी साहसी थी। वह रोशनी की दिशा में चल पड़ी। उसने पेड़ की आड़ से देखा तो पाया कि उधर कोई यज्ञ हो रहा था, मन्त्रोच्चारण उसी का था। मन्त्र में केवल एक नाम सुन पड़ा। परिचित नाम सुनते ही लुत्फुन्निसा उसके पास जाकर बैठ गयी।

चतुर्थ खण्ड

पहला परिच्छेद

सप्तग्राम में लुत्फुन्निसा को साल-भर हो गया था। कपालकुण्डला भी नवकुमार की पत्नी के रूप में साल भर से रह रही थी। जिस दिन प्रदोषकाल में लुत्फुन्निसा जंगल में गयी थी, उस समय कपालकुण्डला कुछ अनमनी-सी अपने कमरे में बैठी थी। वह अब पहले से काफी बदल गयी थी। श्यामासुन्दरी की भविष्यवाणी सच हुई थी-पारसमणि के स्पर्श से योगिनी घरबारी बन गयी थी। इस समय उसके रेशम जैसे रूखे लम्बे बाल, जो पीठ पर बेमतलब बिखरे रहते थे, अब वेणी के रूप में गुँथे हुए थे। वेणी श्यामासुन्दरी के केश-विन्यास का परिचय दे रही थी। उसके साथ फूल भी गुँथे थे। सिर के बाल घुँघराली काली तरंगमाला की तरह लग रहे थे। उसका चेहरा अब बालों से ढँका नहीं था, खुले में दमक रहा था। कहीं-कहीं फूल भी लगे थे। माथे पर पसीने की बूँदें झलक रही थीं। पूर्णचन्द्र की चाँदनी-सा उज्ज्वल पहले जैसा ही रंग था। अब दोनों कानों में सोने की बालियाँ भी लहरा रही थीं। गले में हार था। उसके रंग के साथ वे आभूषण इस प्रकार शोभा पा रहे थे जैसे अर्धचन्द्रमा की चाँदनी में रातरानी के फूल शोभित हों। कपालकुण्डला बिलकुल सफेद वस्त्र पहने हुए थी, वह वस्त्र श्वेत बादलों की तरह शोभा पा रहे थे।

उसका चेहरा कुछ उदास था, जैसे आसमान में कहीं काले मेघ झलक रहे हों। कपालकुण्डला के साथ उसकी सखी श्यामासुन्दरी भी पास ही बैठी थी। वे दोनों बातें कर रही थीं।

कपालकुण्डला ने पूछा, "ननदोई जी अभी यहाँ कितने दिन रहेंगे?"

श्यामा ने उत्तर दिया, "कल शाम को चले जाएँगे। ओह, आज रात को भी वही ओषध लाकर रख लेती, तो उन्हें वश में करके मनुष्य-जन्म सार्थक

कर सकती। कल रात को निकली थी तो कितना अपमान सहना पड़ा था। ऐसे में आज रात कैसे निकलूँ?''

''दिन में लाने से काम नहीं चलेगा?''

''नहीं, दिन में तोड़ने से कोई लाभ नहीं होगा। ठीक आधी रात को बाल खुले रखकर तोड़ना होता है। बहिन! क्या कहूँ, मन की इच्छा मन में ही रह गयी।''

कपालकुण्डला बोली, ''अच्छा, आज दिन में तो मैं उस पेड़ को पहचान ही आयी हूँ और जिस वन में है, वह भी जान चुकी हूँ। अब आज तुम्हें जाना नहीं पड़ेगा। मैं अकेली ही रात में जाकर ओषध ला दूँगी।''

''नहीं-नहीं! तुम रात को अकेली न निकलना।''

''इसके लिए तुम चिन्ता क्यों करती हो? रात में वन में अकेली घूमना मेरी आदत रही है। ऐसा था, तभी तो मेरी तुमसे भेंट हुई।''

''मगर रात को वन में अकेली घूमना क्या भले घर की बहू-बेटियों का काम है? दो आदमियों के साथ रहने पर तो इतना तिरस्कार सहना पड़ा; तुम अकेली गयीं, तो न जाने क्या होगा।''

''इसमें हर्ज ही क्या है? क्या तुम सोचती हो कि मैं रात में घर से बाहर निकलते ही कुलटा हो जाऊँगी?''

''नहीं-नहीं, यह बात नहीं। लेकिन बुरे लोग तो बुराई करेंगे ही।''

''मैं किसी के कहने से बुरी तो हो न जाऊँगी।''

''लेकिन तुम्हें कोई बुरा-भला कहे तो हमलोगों को बुरा लगेगा।''

''ऐसा सोचना बेकार है।''

''खैर, मेरी बात छोड़ो, लेकिन भैया को क्यों परेशानी में डालोगी?''

कपालकुण्डला ने श्यामासुन्दरी के प्रति कटाक्ष किया और बोली, ''इसमें यदि वे नाराज हों तो मैं क्या करूँ? मेरा क्या दोष! अगर जानती कि विवाह का अर्थ दासी है, तो मैं कभी शादी न करती!''

इसके बाद श्यामासुन्दरी ने बात नहीं बढ़ायी। वह घर के कामों में व्यस्त हो गयी।

कपालकुण्डला अपने सब काम करके ओषध लाने निकल पड़ी। उस

समय एक पहर रात बीत चुकी थी। चाँदनी रात थी। नवकुमार बाहरी कमरे में बैठे हुए थे। उन्होंने खिड़की से देखा कि कपालकुण्डला बाहर जा रही थी। उन्होंने भी घर से बाहर निकलकर उसको पकड़ लिया।

कपालकुण्डला ने पूछा, "क्या है?"

नवकुमार ने शान्त गले से पूछा, "कहाँ जा रही हो?"

कपालकुण्डला बोली, "श्यामासुन्दरी अपने पति को वश में करने के लिए एक फल चाहती है, वही लेने जा रही हूँ।"

नवकुमार ने पूर्ववत् कोमल स्वर में पूछा, "तुम कल तो एक बार गयी थी, फिर आज क्यों?"

"कल ढूँढ नहीं पायी थी। आज फिर खोजूँगी।"

"क्या दिन में जाने से काम न होगा?"

"लेकिन दिन में तोड़ा गया फल असर नहीं करता।"

"मुझे उसका नाम बता दो, मैं ढूँढकर ला देता हूँ।"

"मैं पेड़ देखकर पहचान सकती हूँ, उसका नाम नहीं जानती, फिर तुम्हारे तोड़ने से भी उसका फल न होगा। औरतों को ही बाल खोलकर तोड़ना पड़ता है। तुम परोपकार में विघ्न मत डालो!"

नवकुमार ने कहा, "चलो, मैं भी तुम्हारे साथ चलता हूँ।"

कपालकुण्डला अभिमान भरे स्वर में बोली, "ठीक है, चलो। मैं सच कह रही हूँ या नहीं, अपनी आँखों से देख लो!"

नवकुमार ने फिर कुछ नहीं कहा। उन्होंने कपालकुण्डला का हाथ छोड़ दिया और घर के अन्दर चले गये। कपालकुण्डला अकेली जंगल में चली गयी।

दूसरा परिच्छेद

सप्तग्राम के चारों ओर घना जंगल था। कपालकुण्डला एक पगडंडी पर अकेली ओषध ढूँढ़ने चल पड़ी। निस्तब्ध रात्रि थी–मगर बड़ी मधुर थी। इस मधुर रात्रि में ठंडी चाँदनी फैलाते हुए चन्द्रदेव आकाश में रुपहले बादलों को पार करते हुए आगे बढ़ रहे थे। वृक्षों के पत्ते खामोशी से उन किरणों से हठखेलियाँ कर रहे थे। शान्त लतागुल्मों के बीच फूल खिलकर सफेद चाँदनी में अपने अस्तित्व से होड़ लगा रहे थे। पशु-पक्षी सब मौन थे, प्रकृति मौन थी; लेकिन कभी-कभी घोंसलों में बैठे पक्षियों के डैनों की फड़फड़ाहट, सूखे पत्तों के गिरने का शब्द, साँप आदि के रेंगने और दूर कुत्तों के भौंकने का शब्द सुनाई पड़ जाता था। वायु भी निस्तब्ध थी, वह बहुत धीरे-धीरे बह रही थी। उस प्रकृति की खामोशी का सुख लेते हुए पूर्व-सुखों की स्मृति जाग रही थी।

कपालकुण्डला की पुरानी स्मृति जग उठी। उसे याद आया कि सागर-तटवर्ती रेत के ढूहे पर मन्द वायु किस प्रकार उसके केशों के साथ खिलवाड़ करती थी। उसने ऊपर की ओर देखा–दूर-दूर तक फैला नीला आसमान, याद आया, समुद्र का रूप। कपालकुण्डला इसी तरह की पुरानी यादों के साथ अनमनी चली जा रही थी।

अनमनी होने के कारण कपालकुण्डला को याद नहीं रहा कि वह किस काम के लिए कहाँ जा रही है। जिस राह से वह जा रही थी, वह क्रमशः दुर्गम होने लगा–जंगल और घना हो गया। सिर पर लता-वृक्ष का वितान घना हो गया। चाँदनी नीचे तक भेद कर न आने के कारण अँधेरा हो गया। क्रमशः राह भी गुम हो गयी। राह न मिलने के कारण कपालकुण्डला का स्वप्न भंग

हुआ। उसने देखा, दूर आग की रोशनी नजर आयी। लुत्फुन्निसा ने भी पहले इसी को देखा था। कपालकुण्डला इन सब बातों से भयरहित थी; लेकिन-उसे कुतूहल हुआ। वह धीरे-धीरे उस तरफ जा पहुँची और उसने देखा कि जहाँ रोशनी जल रही थी, वहाँ कोई भी नहीं था, किन्तु थोड़ी ही दूर पर घना जंगल होने के कारण एक टूटी झोंपड़ी-सी नजर आयी। उसकी दीवारें यद्यपि ईंटों की थीं, किन्तु टूटी-फूटी छोटी-सी केवल एक कोठरी थी। उस घर में से बातचीत की आवाज आ रही थी। कपालकुण्डला चुपचाप इस झोंपड़ी के पास जा पहुँची। पास पहुँचते ही पाया कि दो मनुष्य सावधानी के साथ बातें कर रहे थे। कोशिश करने पर उनकी बातें उस तक पहुँचने लगीं।

एक कह रहा था, "मैं उसकी मृत्यु चाहता हूँ। इसमें यदि ब्राह्मण सहमत न हों, तो मैं तुम्हारी सहायता नहीं करूँगा; तुम भी मेरी सहायता मत करना!"

दूसरा बोला, "मैं भी उसकी मंगलाकांक्षी नहीं हूँ; लेकिन जीवन-भर के लिए उसका निर्वासन हो, इसमें मैं राजी हूँ। परन्तु हत्या की कोई चेष्टा मेरे द्वारा नहीं हो सकती; वरन मैं उसके विरुद्ध काम करूँगी।"

फिर पहले ने कहा, "तुम अभी कुछ नहीं जानतीं। तुम्हें कुछ ज्ञान सिखाता हूँ, मन लगाकर सुनो। बहुत ही गूढ़ बातें हैं! एक बार चारों तरफ देख तो आओ, मुझे किसी की साँसों की आवाज आ रही है।"

वस्तुतः बातें ठीक से सुनने के लिए कपालकुण्डला झोंपड़ी के दरवाजे के समीप आ गयी थी। अतीव आग्रह होने के कारण उसकी साँसें जोर-जोर से चल रही थीं।

वह व्यक्ति जाँच करने दरवाजे तक आया। कपालकुण्डला पर उसकी नजर पड़ गयी। कपालकुण्डला ने भी चाँदनी में उसे देखा। वह समझ नहीं पायी कि उसे डरना चाहिए या नहीं। आगन्तुक धोती पहने हुए था तथा उसका शरीर एक उत्तरीय से अच्छी तरह ढँका हुआ था। ब्राह्मणकुमार बहुत कोमल और कम उम्र का जान पड़ा। उसका चेहरा सुन्दर था, स्त्रियों-जैसा, लेकिन तेजस्वी था। उसके बाल स्त्रियों-जैसे थे जो आगे-पीछे लटक रहे थे। उसके माथे पर चमक थी तथा एक शिरा उभरी हुई थी। आँखों में गजब का

तेज था। उसके हाथ में एक नंगी तलवार थी। उस के चेहरे पर ऐसा भाव था, मानो उस पर कोई विकराल छाया पड़ गयी हो। उसकी आँखों की चमक ने कपालकुण्डला को थोड़ा भयभीत किया।

दोनों एक-दूसरे को क्षण-भर देखते रहे। आगन्तुक ने पूछा, ''तुम कौन हो?''

यदि एक वर्ष पहले उस जंगल में ऐसा प्रश्न किसी ने किया होता तो कपालकुण्डला उसका तुरन्त जवाब दे देती; लेकिन इस समय वह एक गृहिणी थी, उसका स्वभाव बदल गया था। अतः वह तुरन्त उत्तर न दे सकी। उस व्यक्ति ने कपालकुण्डला को निरुत्तर देखकर गम्भीर होकर कहा, ''कपालकुण्डला! ऐसी रात में इस भयानक जंगल में तुम क्यों आयी हो?''

एक अनजान व्यक्ति से अपना नाम सुनकर कपालकुण्डला चकित हो गयी। उसके मुँह से कोई आवाज नहीं निकली।

ब्राह्मणवेशी ने फिर पूछा, ''तुमने हमलोगों की बातें सुनी हैं?''

सहसा कपालकुण्डला की वाक्‌शक्ति जाग गयी। उसने उत्तर देने के बजाय पूछा, ''मैं भी यही पूछती हूँ। इस जंगल में रात के समय तुम दोनों कौन-सी कुमन्त्रणा कर रहे थे?''

ब्राह्मणवेशी कुछ देर तक चिन्तामग्न निरुत्तर रहा, मानो उसके मन में इष्टसिद्धि का कोई नया प्रकार आ गया हो। उसने कपालकुण्डला का हाथ पकड़ लिया और झोंपड़ी से उसे दूसरी तरफ ले जाने लगा। कपालकुण्डला ने क्रोध से झटका देकर अपना हाथ छुड़ा लिया। उस व्यक्ति ने बड़ी मिठास से धीरे-से कहा, ''डरो मत, मैं पुरुष नहीं हूँ।''

कपालकुण्डला चकरा गयी। फिर भी वह उसके साथ चलने लगी, झोंपड़ी से दूर आड़ में पहुँचकर उसने कहा, ''हमलोग जो कुपरामर्श कर रहे थे, उसे सुनोगी? वह तुम्हारे ही बारे में है।''

कपालकुण्डला का भय और आग्रह बढ़ गया। बोली, ''जरूर सुनूँगी।''

छद्मवेशी ने कहा, ''तो जब तक मैं न लौटूँ तुम यहीं प्रतीक्षा करो!''

यह कहकर वह छद्मवेशी उस भग्न घर में लौट गया। कपालकुण्डला कुछ देर तक वहाँ खड़ी रही। लेकिन उसने जो कुछ सुना और देखा था,

उससे उसे डर लगने लगा। सोचने लगी वह पता नहीं उसे यहाँ क्यों बैठा गया था। हो सकता है, मौका पाकर वह अपनी गलत इच्छा पूरी करना चाहता हो। कपालकुंडला और घबरा गयी। उस व्यक्ति को लौटने में देर होते देखकर कपालकुंडला तेजी से घर की ओर भागी।

आसमान में बादल छाने लगे थे। जंगल में चाँदनी से जो प्रकाश फैल रहा था, वह भी खत्म हो गया। कपालकुण्डला तेजी से जंगल के बाहर निकलने की कोशिश करने लगी। आते वक्त उसे अपने पीछे से किसी और के आने की आहट सुनाई पड़ने लगी। पीछे फिरकर देखने से अन्धकार में कुछ दिखाई न दिया। कपालकुण्डला ने सोचा कि वह ब्राह्मणवेशी ही उसके पीछे आ रहा है। घना जंगल पीछे छोड़कर वह उस पगडंडीवाली जंगली राह पर आ गयी थी। वहाँ उतना अँधेरा न था फिर भी उसे कुछ भी दिखाई न दिया। अतः वह फिर तेजी से चलने लगी। आसमान काली-काली घटाओं से भयानक हो उठा था। कपालकुण्डला और तेजी से आगे बढ़ी। घर करीब आ गया था; लेकिन तभी हवा के झोंके से बूँदाबाँदी होने लगी। कपालकुण्डला भागी। उसे ऐसा लगा कि पीछा करनेवाला भी दौड़ रहा है। घर पहुँचते-पहुँचते भयानक वर्षा शुरू हो गयी। आसमान में लगातार बिजली चमकने लगी और रह-रहकर बादल गरजने लगे। कपालकुण्डला किसी तरह अपने को बचाती हुई घर पहुँची और घर के पास का बागीचा पार कर दरवाजे के अन्दर घुसी। दरवाजा उसके लिए खुला हुआ था। दरवाजा बन्द करने के लिए जैसे ही वह मुड़ी, उसे ऐसा लगा कि बाहर कोई वृद्ध खड़ा था। तभी एक बार बिजली चमकी। उस प्रकाश में कपालकुण्डला उसे पहचान गयी-वह सागर तट का वही कापालिक था।

तीसरा परिच्छेद

कपालकुण्डला ने धीरे-धीरे दरवाजा बन्द कर दिया और अपने कमरे में आ गयी। वह धीरे से अपने पलंग पर लेट गयी। मनुष्य-हृदय समुद्र की भाँति है। जब पागल हवा उससे टकराती है तो कितनी तरंगें उठती हैं, यह कौन गिन सकता है। प्रबल वायु से हिलता और वर्षाजल से भीगा हुआ जटाजूटधारी कापालिक का चेहरा उसे अपने सामने दिखाई पड़ने लगा; पहले की सारी घटनाओं को कपालकुण्डला याद करने लगी। घने जंगल में कापालिक की वह भैरवी भूजा, अन्यान्य पैशाचिक कार्य, उसके चंगुल से उसका भागना, नवकुमार से विवाह-बन्धन-यह सब याद आने लगा। कपालकुण्डला काँप उठी। आज रात की सारी घटनाएँ उसकी आँखों के सामने नाच उठीं। श्यामा की ओषध-कामना, नवकुमार का निषेध, उसके प्रति कपालकुण्डला का तिरस्कार, इसके बाद अरण्य की ज्योत्स्नामयी शोभा, वह भीषण दर्शन, एक-एक कर सब याद आने लगा।

पूर्व दिशा में जब उषा की मुकुट-ज्योति प्रकट हुई, उस समय कपालकुण्डला की आँख लग गयी। उस हलकी नींद में कपालकुण्डला स्वप्न देखने लगी। मानो वह उसी सागरवक्ष पर नाव में सवार होकर चली जा रही थी; नाव सजी हुई थी, उस पर वासन्ती रंग की ध्वजा फहरा रही थी, नाविक फूलों की माला पहने हुए नाव खे रहे थे। भजन हो रहा था। पश्चिम दिशा में सूर्य तप रहा था। स्वर्णधारा में समुद्र हँस रहा था। आसमान में बादलों के टुकड़े भी उस धारा में स्नान कर रहे थे। एकाएक रात हो गयी। सब गायब हो गया। घने-काले बादल छा गये। समुद्र में दिशाभ्रम होने लगा। गाना बन्द हो गया। गले की माला फेंक दी गयी। पताका गायब हो गयी। आँधी आ गयी।

सागर में पेड़ों के समान ऊँची-ऊँची लहरें उठने लगीं। सहसा उन लहरों से कापालिक प्रकट हुआ और बायें हाथ से नाव पकड़कर डुबाने को तैयार हुआ। इसी समय वह ब्राह्मणवेशधारी प्रकट हुआ। उसने पूछा, "बोलो, नाव डुबा दें या बचा दें?" कपालकुण्डला ने कहा, "डुबा दो!" उसने नाव को छोड़ दिया। नाव भी बोल उठी, "अब मैं भार उठा न सकूँगी, पाताल में जा रही हूँ?" यह कहती हुई नाव पाताल में प्रवेश कर गयी।

कपालकुण्डला की नींद टूट गयी। वह पसीने-पसीने थी। उसने देखा कि सवेरा हो गया था। खुली खिड़की से वासन्ती हवा आ रही थी। वृक्ष हलकी हवा में फूलों सहित झूम रहे थे। हिलती शाखाओं पर बैठे पक्षी गा रहे थे। फूलों से लदी शाखाएँ खिड़की के अन्दर झूम रही थीं। कपालकुण्डला उन शाखाओं को हिलाने लगी। एकाएक उसमें उसे एक चिट्ठी मिली। कपालकुण्डला पढ़ना जानती थी; वह पढ़ने लगी-

"आज शाम के बाद, कल रात की तरह ब्राह्मणकुमार के साथ भेंट करो। तुम अपने बारे में जो आवश्यक बातें सुनना चाहती थीं, वे सब पता चल जाएँगी।"

चौथा परिच्छेद

उस दिन कपालकुण्डला शाम तक केवल यही सोचती रही कि पत्र के अनुसार उसे भेंट करनी चाहिए या नहीं। एक पतिव्रता युवती के लिए निर्जन रात में परपुरुष से मिलना निन्दनीय था। यही सोचकर वह मिलने से हिचक रही थी। पर यह भी सोचती थी कि बुरा उद्देश्य न हो तो मिलने में कोई हानि नहीं है। स्त्री को स्त्री से या पुरुष को पुरुष से मिलने का जैसा अधिकार मुझे है, वैसा ही अधिकार निर्मल चित्त रखने पर उसे भी प्राप्त है। सन्देह केवल यह है कि वह ब्राह्मणवेशी पुरुष है या स्त्री? उसे संकोच था तो केवल इसलिए कि यह भेंट मंगलकारी है अथवा नहीं। पहले ब्राह्मणवेशी से भेंट, फिर कापालिक द्वारा पीछा किया जाना और अन्त में स्वप्न–इन सब घटनाओं ने कपालकुण्डला को बहुत डरा दिया था। उसे लग रहा था, कुछ गड़बड़ होने वाला था और उसे सन्देह नहीं रहा कि यह कापालिक के आने के कारण था। स्पष्ट था कि उनकी बातों का केन्द्र कपालकुण्डला ही थी। पता नहीं वे उसके भाग्य का क्या फैसला करनेवाले थे। वैसे लोगों से फिर मिलना कितना ठीक होगा, इसे वह समझ नहीं पा रही थी। लेकिन रात के सपने के अनुसार वह ब्राह्मण उसकी रक्षा भी कर सकता था। शायद उसकी पुजारिन माँ ने ही उसे कपालकुण्डला की रक्षा के लिए भेजा हो। अतएव कपालकुण्डला ने उससे मिलने की ठान ली। सम्भव है इसमें कपालकुण्डला का कुतूहल भी रहा हो। जो भी हो, उसके कुतूहल में उम्र की परिपक्वता नहीं थी–उसने दीपक की लौ की ओर आकर्षित होकर जलनेवाले पतंगे की तरह निर्णय किया।

शाम को घर से निकलने के पहले कपालकुण्डला ने अपने कमरे की

दीपक की रोशनी तेज कर दी। लेकिन वह जैसे ही घर के बाहर निकली, वह दीपक बुझ गया।

ब्राह्मणवेशधारी ने किस जगह भेंट के लिए लिखा था, कपालकुण्डला को यह बात याद नहीं रही। अतः पत्र पढ़ने की फिर आवश्यकता हुई। उसने लौटकर पत्र को ढूँढ। वह न मिला। उसने अपने जूड़े से लेकर हर जगह देख लिया--पर पत्र नहीं मिला। अन्ततः वह जहाँ पहले मिली थी, वहीं चल दी। उसने दोबारा जूड़ा भी नहीं बनाया, जल्दी में बाल खोले ही चल दी।

पाँचवाँ परिच्छेद

दरअसल, वह पत्र शाम को उसके जूड़े से गिर पड़ा था, जिसे नवकुमार ने देख लिया था। उन्होंने पत्र को पढ़ा; जिससे एक ही बात समझ में आयी, 'जो बात कल सुनना चाहती थी, वह आज सुनोगी?' वह कौन-सी बात थी? कुछ प्रेम का चक्कर था! पहलेवाली रात की घटना न जानने से ऐसा सोचना स्वाभाविक था।

उस पत्र को पढ़कर नवकुमार के मन में संशय पैदा हो गया। संशय उसे बेचैनी की हद तक ले गया। मनुष्य का हृदय एकबारगी सुख या दुःख या तनाव बर्दाश्त नहीं कर सकता, वह धीरे-धीरे ही सह सकता है। पहले तो धुएँ ने नवकुमार को अपनी गुँजलक में घेर लिया; फिर वह जलाने लगी। अन्त में हृदय राख होने लगा। पाया कि कपालकुण्डला हमेशा ही आजाद खयालों की रही है। हमेशा अकेली ही घूमती-फिरती रही है। नवकुमार ने कभी उस पर सन्देह नहीं किया था, लेकिन अब उन्हें लगा कि काश वह इतने उदार न रहे होते। कष्ट का वेग कुछ थमा तो नवकुमार एकान्त में बैठकर चुपचाप रोने लगे। अपने को सँभालने के बाद उन्होंने तय किया-आज वे कपालकुण्डला से कुछ नहीं कहेंगे; रात को कपालकुण्डला जब बाहर निकलेगी, तो उसका पीछा करेंगे और देखेंगे वह कहाँ जाती है। फिर उससे कुछ न कहकर वे अपनी जान दे देंगे।

कपालकुण्डला के घर से निकलने के बाद नवकुमार भी उठकर चले; लेकिन इसी समय कपालकुण्डला फिर वापस लौट आयी। यह देखकर वह धीरे-से खिसक गये। अन्त में कपालकुण्डला के फिर बाहर होने पर जब नवकुमार भी बाहर निकले तो उन्हें दरवाजे पर एक लम्बा-चौड़ा व्यक्ति

खड़ा दिखाई दिया। पर नवकुमार को उसमें कोई रुचि नहीं थी, वे तो अपनी पत्नी का पीछा कर रहे थे। अतएव उसे धक्का देकर उन्होंने हटाना चाहा, लेकिन वह व्यक्ति उनसे अधिक शक्तिशाली था।

नवकुमार ने खीजकर कहा, "कौन हो तुम? मेरी राह छोड़ो!"

आगन्तुक बोला, "मुझे नहीं पहचानते?"

नवकुमार ने गौर से देखा, वही पूर्व-परिचित कापालिक था।

नवकुमार चौंक गये, अचानक वह प्रसन्न हो गये। उन्होंने पूछा, "क्या कपालकुण्डला तुम्हीं से मिलने जा रही है?"

कापालिक ने कहा, "नहीं!"

नवकुमार फिर पहले की तरह हताश हो गये। बोले, "तो फिर मुझे जाने दो।"

कापालिक ने कहा, "जाने दूँगा, पर पहले मेरी बात सुन लो।"

नवकुमार बोले, "क्या तुम फिर से मेरा प्राण लेने आये हो? तो ले लो, इस बार मैं मना नहीं करूँगा! तुम तनिक ठहरो, मैं अभी आता हूँ। मैंने उस दिन क्यों न देवतुष्टि के लिए प्राण दे दिया! अब उसका फल भुगत रहा हूँ। जिसने मेरी रक्षा की थी, आज उसी ने मुझे बरबाद कर दिया। कापालिक! मुझ पर भरोसा रखो, मैं अभी लौट कर आता हूँ।"

कापालिक ने उत्तर दिया, "मैं तुम्हारे वध के लिए नहीं आया हूँ, भवानी की वैसी इच्छा नहीं है। मैं जो करने आया हूँ, उसमें तुम्हारा भी कल्याण है। पहले अन्दर चलो।"

नवकुमार ने कहा, "अभी नहीं, तुम तनिक मेरी प्रतीक्षा करो। मैं एक आवश्यक कार्य पूरा करके अभी आता हूँ।"

कापालिक ने कहा, "वत्स! मैं सब जानता हूँ, तुम उस पापिनी का पीछा करोगे। मुझे उसके जाने का पता है। मैं अपने साथ तुम्हें वहाँ ले चलूँगा और जो चाहते हो, दिखाऊँगा। लेकिन मेरी बात सुन लो। डरो मत!"

नवकुमार ने कहा, "अब मुझे तुमसे कोई डर नहीं, आओ!"

नवकुमार कापालिक को लेकर अन्दर हो गये और एक आसन पर उसे बैठाकर बोले, "अब कहो!"

छठा परिच्छेद

कापालिक ने बैठने के बाद अपनी दोनों बाँहें नवकुमार को दिखायी, वे टूटी हुई थीं।

जिस रात कपालकुण्डला के साथ नवकुमार कापालिक-आश्रम से भागे थे उसी रात उनका पीछा करते हुए कापालिक वहाँ की चोटी से गिर पड़ा था। वह किसी तरह बच तो गया, लेकिन उसके दोनों हाथ टूट गये। कापालिक ने पूरी घटना बताने के बाद कहा, "इन हाथों द्वारा यद्यपि दैनिक कार्य हो जाते हैं, किन्तु इनमें अब जान नहीं है।"

कुछ देर रुककर वह बोला, "गिरते ही मैं बेहोश हो गया था। शायद दो रातें और एक दिन बेहोश रहा था। बेहोशी में मैंने स्वप्न देखा कि भवानी मेरे सामने खड़ी हैं, नाराज होकर कह रही हैं, 'अरे दुराचारी! तेरे कारण मेरी पूजा में विघ्न हुआ है। इतने दिनों तक इन्द्रिय-लालसा के वशीभूत होकर उस कुमारी के रक्त से तूने मेरी पूजा नहीं की। उसी कुमारी द्वारा तेरे सारे पूर्व कर्मों का नाश हो रहा है। अब मैं तेरी पूजा ग्रहण न करूँगी।' जब मैं रोता हुआ भगवती के चरणों पर लोटने लगा, तो उन्होंने प्रसन्न होकर कहा, "भद्र! इसका सिर्फ एक प्रायश्चित्त है, तू उसी कपालकुण्डला का मेरे सामने बलिदान कर। जितने दिनों तक तुझसे यह न हो सके, मेरी पूजा मत करना।

"वत्स! कपालकुण्डला वध के योग्य है। मैं भवानी की आज्ञानुसार उसका वध करूँगा। वह तुम्हारे प्रति भी विश्वासघातिनी है, अतएव तुम्हें भी उसका वध करना चाहिए। उसे पकड़कर मेरे यज्ञ-स्थान पर ले चलो और वहाँ अपने हाथों से उसका बलिदान करो। इस पवित्र कर्म से तुम्हें अक्षय पुण्य प्राप्त होगा और विश्वासघातिनी को भी दंड मिलेगा।"

नवकुमार कुछ भी न बोले। कापालिक ने उन्हें चुप देखकर कहा, "अब चलो, वत्स! अपनी कपालकुण्डला को देख लो, वह कहाँ है।"

नवकुमार चल पड़े।

सातवाँ परिच्छेद

कपालकुण्डला जंगल में चली गयी। वह पहले उसी झोंपड़े पर पहुँची, वहाँ ब्राह्मणवेशी व्यक्ति से भेंट हुई। उसने कपालकुण्डला से कहा, "यहाँ कापालिक आ सकता है, चलो अन्यत्र चलें!" जंगल में एक खुली जगह थी। वहाँ बैठने पर ब्राह्मणवेशी ने कहा, "पहले मैं अपना परिचय दे दूँ। जब तुम अपने पति के साथ हिजली से आ रही थीं, तो राह में एक मुसलमान लड़की से तुम्हारी भेंट हुई थी, क्या तुम्हें याद है?"

कपालकुण्डला बोली, "जिसने मुझे गहने दिये थे?"

ब्राह्मणवेशधारी ने कहा, "हाँ, मैं वही हूँ!"

कपालकुण्डला चकित हो गयी। लुत्फुन्निसा ने उसका विस्मय देखकर कहा, "इससे भी अचरज की बात है कि मैं तुम्हारी सौत हूँ।"

कपालकुण्डला ने चौंककर कहा, "यह कैसे?"

इस पर लुत्फुन्निसा ने पूरी कहानी बयान कर दी। यह भी कहा कि वह कपालकुण्डला से उसके पति को अलग करना चाहती थी।

कपालकुण्डला बोली, "यह कैसे करती?"

"तुम्हारे सतीत्व के प्रति मैं तुम्हारे पति को संशय में डाल देती। लेकिन अब मेरा विचार बदल गया है। अत: अगर तुम मेरे कहे अनुसार चलो तो तुम्हें कोई नुकसान नहीं होगा।"

कपालकुण्डला ने पूछा, "उस होम करने वाले व्यक्ति के मुँह से तुमने किसका नाम सुना था?"

"तुम्हारा ही नाम! वह तुम्हारी मंगल या अमंगल कामना से होम कर रहे हैं, यही जानने के लिए मैं वहाँ बैठी थी। जब तक उनकी क्रिया समाप्त न

हुई, मैं वहीं बैठी रही। होम के अन्त में छलपूर्वक, तुम्हारे नाम के साथ होम का अभिप्राय पूछा, थोड़ी ही देर की बात में मैं समझ गयी कि होम तुम्हारी अमंगल-कामना के लिए था। मेरा भी वही प्रयोजन था, हम दोनों परस्पर सहायता के लिए वचनबद्ध हुए और विशेष परामर्श के लिए भग्नकुटी में गये। वहाँ उसने कहा कि वह तुम्हारी मौत चाहता था। मगर मैं ऐसा नहीं चाहती थी। मैंने इस जन्म में पाप ही किये हैं, लेकिन मैं इतनी पतित नहीं हूँ कि एक निरपराध बालिका की हत्या की कामना करूँ! मैं राज़ी नहीं हुई। तभी तुम वहाँ पहुँची थी। शायद तुमने भी कुछ सुना होगा।"

"ज्यादा कुछ नहीं।"

लुत्फुन्निसा ने कापालिक से हुई बातें बतायीं। उसके सपने के बारे में भी बताया। यह सुनकर कपालकुण्डला चौंक गयी। वह घबरा गयी। लुत्फुन्निसा ने कहा, "कापालिक के हाथों में अब ताकत नहीं रही, इसलिए वह इसमें किसी और की मदद चाहता है। मुझे ब्राह्मणकुमार समझकर सहायता की आशा से उसने यह सब कहा, पर मैं राजी नहीं हुई। मैं तुम्हारी जान की भूखी नहीं हूँ। लेकिन तुम क्या मेरे लिए कुछ करोगी?"

कपालकुण्डला ने पूछा, "क्या चाहती हो?"

"मुझे मेरे पति से मिला दो। मेरे रास्ते से हट जाओ।"

कपालकुण्डला से कुछ कहते नहीं बना। कुछ देर बाद वह बोली, "उन्हें छोड़कर मैं कहाँ जाऊँगी?"

लुत्फुन्निसा बोली, "यहाँ से बहुत दूर! मैं तुम्हें सब कुछ दूँगी–रुपया-पैसा, नौकर-चाकर, रहने को आलीशान मकान। तुम रानी की तरह विलास करोगी।"

कपालकुण्डला सोच में पड़ गयी। उसकी समझ में नहीं आया, वह क्या करे। नवकुमार के प्रति भी वह आसक्त नहीं थी। उसने कहा, "तुम मेरी कैसी मददगार हो, मैं नहीं जानती। मैं विलास नहीं चाहती। मैं तुम्हारे सुख में क्यों बाधा बनूँ। मैं पहले की भाँति जंगल में चली जाऊँगी।"

लुत्फुन्निसा को बड़ा आश्चर्य हुआ। उसे इतनी जल्दी अपनी इच्छा पूरी होने की आशा नहीं की थी। उसने कहा, "बहिन, तुमने मुझे जीवनदान दिया

है! लेकिन मैं तुम्हें अकेली नहीं जाने दूँगी। कल सवेरे मैं तुम्हारे साथ एक चतुर दासी भेजूँगी। उसके साथ जाना। बर्द्धमान में मेरी एक ऐसी मित्र सहेली है, जो तुम्हारी हर इच्छा पूरी कर देगी।''

कपालकुण्डला और लुत्फुन्निसा दोनों को पता नहीं था कि नवकुमार और कापालिक दोनों ही उन्हें छिपकर देख रहे थे, परन्तु वे उनकी बातें नहीं सुन पा रहे थे। नवकुमार ने कपालकुण्डला के खुले लम्बे बालों को देखा। उसके बाल इतने लम्बे थे कि वे लुत्फुन्निसा की पीठ तक उड़कर जा रहे थे। नवकुमार हताश होकर वहीं बैठ गये। यह देखकर कापालिक ने अपनी बगल से लटकते एक पात्र को निकालकर कहा, ''हताश क्यों होते हो, भवानी के इस प्रसाद को पी लो, बल प्राप्त करोगे!''

कापालिक ने नवकुमार के मुँह के साथ पात्र लगा दिया। नवकुमार ने अनमने होकर उसे पिया। उन्हें पता न था कि वह कापालिक की स्वयं तैयार की हुई मदिरा थी। उसे पीते ही उनमें विचित्र किस्म की ऊर्जा व्याप्त हो गयी।

लुत्फुन्निसा बड़े प्यार से बोली, ''बहिन! मैं तुम्हारे उपकार का बदला नहीं चुका सकती, लेकिन मैं तुम्हें कभी नहीं भूलूँगी। पता चला कि तुमने मेरे दिये गहने गरीबों को दे दिये हैं। मेरे पास इस समय सिर्फ यह अँगूठी है। इसे ले लो। इसे देखकर तुम अपनी इस गरीब बहिन को याद कर लेना।'' यह कहकर लुत्फुन्निसा ने वह महँगी अँगूठी कपालकुण्डला को पहना दिया। नवकुमार ने यह भी देखा। कापालिक ने नवकुमार को काँपते देख फिर शराब पिला दी। शराब ने नवकुमार के विवेक को हर लिया।

कपालकुण्डला लुत्फुन्निसा से विदा लेकर घर चल पड़ी। नवकुमार और कापालिक कपालकुण्डला के पीछे-पीछे चलने लगे।

आठवाँ परिच्छेद

कपालकुण्डला गहरी चिन्ता में डूबी घर की ओर जा रही थी। उसने अपने को बलिदान करने का फैसला कर लिया, लेकिन यह बलिदान लुत्फुन्निसा के लिए नहीं था।

कपालकुण्डला मन से तान्त्रिक-कन्या थी। जिस प्रकार कोई तान्त्रिक देवी को सन्तुष्ट करने के लिए दूसरे की बलि देता है, वैसे ही वह भी उसी भावना से आत्म-विसर्जन के लिए तैयार थी। कापालिक के साथ रहने के कारण देवी के प्रति उसमें विशेष भक्ति थी। वह समझती थी कि इस सृष्टि में जो भी है वह भैरवी के कारण है। उन्हीं मोक्षदायिनी देवी ने उसे स्वयं की बलि देने का आदेश दिया है। वह उस आदेश को कैसे टाल सकती थी।

कपालकुण्डला सिर झुकाये चलती रही। व्यक्ति जब सोच में डूबा रहता है, तो उसे आसपास का कुछ ध्यान नहीं रहता। कई बार जो नहीं होता वह उसे अनुभव करने लगता है। ऐसी मानसिकता में उसे लगा जैसे कोई कह रहा हो–'चलो बेटी, मैं राह दिखाती हूँ।' कपालकुण्डला ने उसी मन:स्थिति में अपने सामने काली की विकराल मूर्ति देखी। उसके माथे से ज्योति निकल रही थी और आँखों में जैसे चन्द्रमा की शीतलता थी।

उसने कपालकुण्डला को अपने पीछे आने का इशारा किया।

अब कपालकुण्डला आसमान की ओर देखती हुई चलने लगी। वह अद्‌भुत देवीरूप आकाश में उसे राह दिखा रहा था। कपालकुण्डला भी भवानी की लुकाछिपी को देखती हुई आगे चलने लगी।

इसे न नवकुमार ने देखा, न कापालिक ने। भला वे कैसे अनुभव करते। बल्कि नशे के प्रभाव में नवकुमार ने कहा, "कापालिक!"

कापालिक ने पूछा, "क्या बात है?"

"मुझे प्यास लगी है, पानी पिलाओ।"

कापालिक ने नवकुमार को फिर शराब पिला दी।

नवकुमार ने पूछा, "अब देर किस बात की?"

कापालिक ने भी कहा, "हाँ-हाँ, देर किस बात की?"

नवकुमार ने क्रोध में पुकारा, "कपालकुण्डला!"

कपालकुण्डला सुनकर चकित हुई। अभी तक उसे यहाँ पर कपालकुण्डला कहकर किसी ने पुकारा नहीं था। वह पलटकर खड़ी हो गयी। नवकुमार और कापालिक उसके सामने आकर खड़े हो गये। कपालकुण्डला पहले उन्हें पहचान नहीं सकी। उसने पूछा, "कौन हो तुम लोग?"

लेकिन दूसरे ही क्षण कुछ पहचानकर बोली, "क्या तुम मुझे बलि देने के लिए आये हो?"

नवकुमार ने कपालकुण्डला का हाथ पकड़ लिया। कापालिक ने प्रेम से कहा, "बेटी, हमलोगों के साथ चलो।"

यह कहकर कापालिक श्मशान की ओर चल पड़ा।

कपालकुण्डला ने आकाश की ओर देखा। उसे इस बार भैरवी की मूर्ति अट्टहास करती दिखाई दी। कपालकुण्डला कुछ समझ नहीं पायी। नवकुमार उसका हाथ पकड़े हुए थे। वह उनके पीछे घिसटती-सी चलती रही।

नौवाँ परिच्छेद

एक समय आया जब चाँद बादलों की ओट में हो गया। चारों ओर अँधेरा छा गया। कापालिक अपने पूजा–स्थान पर कपालकुण्डला को ले गया। वह स्थान श्मशान भूमि में था। उस समय भाटे के कारण वहाँ पानी नहीं था। जलती हुई लकड़ी से वह जगह थोड़ी प्रकाशित थी, परन्तु उस प्रकाश से वह स्थान और भयानक हो गया था। यज्ञ और बलि देने का सारा सामान मौजूद था। विशाल नदी का हृदय भी जैसे उस वक्त अँधेरे में डूबा हुआ था। चैती हवा के वेग से लहरें तरंगित और कलकल नाद से युक्त थीं। सियारों के बोलने की आवाज रह–रहकर सुनाई दे जाती थी।

कापालिक ने नवकुमार और कपालकुण्डला को उपयुक्त स्थान पर बैठाया और स्वयं पूजा में लग गया। उसने नवकुमार को कपालकुण्डला को स्नान करा लाने का आदेश दिया। नवकुमार कपालकुण्डला को ले चले। नवकुमार भी जैसे अपने होश में नहीं थे। श्मशान में फैली हड्डियों आदि पर पैर रखते हुए वह आगे बढ़ने लगे। उनके पैरों के धक्के से श्मशान का एक कलश भी टूट गया। उसके पास एक लावारिस लाश भी पड़ी हुई थी। नवकुमार ने उसे भी कुचल दिया। जंगली जानवर चारों ओर घूम रहे थे। दोनों को वहाँ मौजूद देख वे सब चिल्लाने लगे। कोई हमला करने आया, तो कोई भाग गया। नवकुमार बुरी तरह घबरा गये, लेकिन कपालकुण्डला को कोई डर नहीं लगा, बल्कि वह सहज थी।

कपालकुण्डला ने पूछा, "क्यों, भय लग रहा है?"

नवकुमार का नशा उतर रहा था। गम्भीर स्वर में नवकुमार ने कहा, "भय से नहीं मृण्मयी?"

कपालकुण्डला ने सहानुभूति से पूछा, "तब काँप क्यों रहे हो?"

नवकुमार ने कहा, "भय से नहीं! न रो पाने के कारण क्रोध से काँप रहा हूँ।"

कपालकुण्डला ने पूछा, "रोना चाहते हो?"

नवकुमार ने कहा, "क्यों रोऊँगा? तुम क्या समझोगी, मृण्मयी!" गहरी मानसिक वेदना से नवकुमार का गला भर आया था, "तुम तो कभी अपना कलेजा स्वयं काटने के लिए श्मशान नहीं आयीं मृण्मयी!" यह कहते-कहते सहसा नवकुमार रोते हुए कपालकुण्डला के चरणों में गिर पड़े-

"मृण्मयी! कपालकुण्डला! मेरी रक्षा करो! मैं तुम्हारे पैरों पड़ता हूँ, एक बार कह दो, तुमने कोई विश्वासघात नहीं किया। मैं तुम्हें सच्चे मन से घर ले चलूँगा।"

कपालकुण्डला ने हाथ पकड़कर नवकुमार को उठाया और मधुर स्वर में कहा, "तुमने तो मुझसे कभी पूछा नहीं!"

बातें करते-करते वे दोनों तट पर आ चुके थे। कपालकुण्डला आगे खड़ी थी। उसके ठीक सामने नदी लहरा रही थी। नदी में बाढ़ का पानी भरने लगा था। लहरें तरंगित होने लगी थीं। कपालकुण्डला बालू के ढूह पर खड़ी थी।

नवकुमार ने बौखलाकर कहा, "मुझे बचा लो मृण्मयी, तुम घर चलो!"

कपालकुण्डला ने कहा, "तुमने पूछा है, तो बता रही हूँ। आज जिसे तुमने देखा-वह पद्मावती थी। मैं तुम्हारे प्रति कभी अविश्वासिनी नहीं रही। लेकिन मैं घर नहीं चल सकती। मैं आज भवानी के चरणों में अपने को विसर्जित करने आयी हूँ। मुझे कोई रोक नहीं सकता। तुम घर लौट जाओ। वादा करो, मेरे मरने पर रोओगे नहीं?"

"नहीं मृण्मयी! ऐसा मत करो।" यह कहकर दोनों हाथ पसारकर नवकुमार आगे बढ़े, लेकिन तभी एक तेज प्रवाह तट पर से टकराया और वह ढूह कपालकुण्डला को लेकर जोर की आवाज से नदी में जा गिरा और विलीन हो गया।

नवकुमार ने कपालकुण्डला को गिरते देखा, तो उन्होंने भी नदी में

छलाँग लगा दी। नवकुमार बहुत देर तक नदी में कपालकुण्डला को खोजते रहे, पर सब व्यर्थ। इसके बाद जाने क्या हुआ, वह भी जल से बाहर नहीं निकले।

गंगा नदी के तेज प्रवाह में कपालकुण्डला और नवकुमार न जाने कहाँ खो गये।

❑❑❑